别让孩子输在大学
父母要给子女讲好15个话题

周先海 刘素明 赵超 周慧霞————编著

中国纺织出版社有限公司

内 容 提 要

在子女上大学的人生关键期，作为父母，如何正确教育引导子女健康成长和顺利成才呢？本书对这个问题进行了比较系统准确的回答，内容分上下两篇：父母要给上大学子女讲好的15个话题和父母怎样给上大学子女讲好15个话题。

父母通过学习后将话题的观点有效地灌输给子女或子女直接通过自学领悟，子女都将受到很好的启发和教育，能更加正确地规划好在大学期间的学习生活等方方面面，并努力付诸行动，走好人生的关键"路段"，为美好的人生奠定基础。本书兼具现实意义和实用价值，既是父母教育引导好上大学子女的必备读物，又是大学学子进取的必读书本，也是大、中学教师教学的参考用书。

图书在版编目（CIP）数据

别让孩子输在大学：父母要给子女讲好15个话题 / 周先海等编著. -- 北京：中国纺织出版社有限公司，2025.5. -- ISBN 978-7-5229-2670-4

Ⅰ. G645.5

中国国家版本馆CIP数据核字第2025F03A08号

责任编辑：刘桐妍　　责任校对：寇晨晨　　责任印制：储志伟

中国纺织出版社有限公司出版发行
地址：北京市朝阳区百子湾东里A407号楼　邮政编码：100124
销售电话：010—67004422　传真：010—87155801
http://www.c-textilep.com
中国纺织出版社天猫旗舰店
官方微博 http://weibo.com/2119887771
天津千鹤文化传播有限公司印刷　各地新华书店经销
2025年5月第1版第1次印刷
开本：880×1230　1/32　印张：6.75
字数：122千字　定价：48.00元

凡购本书，如有缺页、倒页、脱页，由本社图书营销中心调换

前言
PREFACE

我退出领导岗位工作后,回顾往昔,自己觉得我们夫妻对女儿在大学期间的教育引导是非常成功的——只多分数线2分读的三本大学却成了校三好学生和优秀班干部,加入了中国共产党,考取了硕士研究生。研究生毕业后顺利参加工作、结婚生子并走上领导岗位。为此,我和老婆、女婿、女儿商量,一起对父母如何教育引导好上大学子女进行总结探讨,于是通过近一年的努力编写成了这本《别让孩子输在大学:父母要给子女讲好15个话题》。

这本书非常有现实意义。父母是子女最亲近的人,既是子女的第一任老师,也是子女的终身老师,在子女的成长过程中,起着非常重要的作用,对子女的教育引导也是父母义不容辞的责任。父母在子女考取大学前,一般都非常重视对子女的教育引导;但子女考取大学后,有的父母认为子女已经长大懂事了或不在自己身边,就放松了对其进行教育引导。其实,大学期间是子女成长的重要时期,并且大多数子女刚开始离开父母身边独立生活,在这个关键时期,父母更要加强教育引导,让子女在大学里健康成长和顺利成才。在我们身边不乏正反方

别让孩子输在大学：父母要给子女讲好15个话题

面的典型例子，有的孩子虽然读的排名靠后的大学，却成了优秀人才；有的上的排名靠前的大学，但反而变得平庸了。这跟父母是否加强了对其进行教育引导是密切相关的。

这本书非常有实用价值。上篇写的是父母要给上大学的子女讲什么，虽然归结起来要讲15个话题，但涵盖的内容相当丰富，如"养成好的人生习惯，获得打开成功大门的金钥匙"话题中就介绍了要养成自信自强、勤奋努力、雷厉风行等50个好习惯，比较全面系统地概括了父母要加强对上大学子女进行教育引导的内容，并且每个话题都是针对父母教育引导上大学子女的需要进行撰写的。下篇写的是父母怎样给上大学子女讲好15个话题，从父母要不断用心把握上大学子女的心理状态，掌握跟上大学子女有效沟通的方法技巧和讲好这15个话题的内容把握、时间安排、方式方法、注意事项等方面进行了阐述，特别是总结了讲好这15个话题的10种方式方法，突破了传统的仅由父母亲自进行教育引导的模式，提出了几种由父母谋划，请他人帮助教育引导或通过其他方式教育引导的方式方法，为父母教育引导好上大学子女提供了好的思路和办法。

这本书非常值得大学学子及其父母阅读和教师参考。这本书是基于我们的亲身经历并针对父母如何教育引导好上大学子女健康成长和顺利成才而编写的，深入浅出，通俗易懂，仅12万余字，花两天时间就可以精读一遍。父母阅读后将大学学子必懂的15个话题观点有效地灌输给上大学的子女，或上大学的子女通过阅读领悟这15个话题观点，学子都将能够受到很好的启发和教育，更加正确地规划自己在大学期间的学习生活等方方面面，并努力付诸行动，走好人生关键的大学"路段"，为成就辉煌幸福美满的人生打好坚实基础。这本书既是父母教育引导好上大学子女的必备读物，又是大学学子进取的必读书本，也是大、中学教师教学的参考用书。

由于我们的水平所限，书中难免存在疏漏和不当之处，敬请读者批评指正。

周先海

2025年1月

目录
CONTENTS

上篇 父母要给上大学子女讲好的15个话题

- §1 有远大理想和目标，自然就有人生高度……………003
- §2 录取的大学和专业，确实需要正确对待……………013
- §3 学会独立快乐生活，筑牢幸福人生之基……………020
- §4 主动融入大学中去，放飞青春成就梦想……………026
- §5 始终牢记学生身份，专心致志投入学习……………036
- §6 提前做好职业规划，人生将会如虎添翼……………065
- §7 精心谋划力争读研，拥有高起点才能成就大发展……073
- §8 增强政治敏锐性，积极加入中国共产党……………097
- §9 养成好的人生习惯，获得打开成功大门的金钥匙……103
- §10 谈恋爱可以，但要保持理性善于把握………………124
- §11 努力培养兴趣爱好，增添生命活力生活乐趣………135
- §12 热心关注校外世界，避免成为井底之蛙……………145
- §13 积极参加社会实践，在自我完善必经之路上成长……154
- §14 遵纪守法文明自律，做名严于律己好学生……………163
- §15 懂得珍惜和管理时间，别让大学美好时光虚度………168

别让孩子输在大学：父母要给子女讲好 15 个话题

下篇 父母怎样给上大学子女讲好 15 个话题

- §1 读懂孩子的"心理状态晴雨表" …………………… 179
- §2 与上大学子女沟通，需要掌握方法技巧 …………… 187
- §3 要懂得如何给上大学子女讲好 15 个话题 …………… 197

父母要给上大学子女讲好的 15 个话题

§1 有远大理想和目标，自然就有人生高度

经过十多年的辛勤努力，高考一战被大学录取，作为幸运的大学新生，在迈入大学新的起点时，首先要树立远大理想和目标，不负时代，不负韶华，不负党和国家及人民的期望，奋力开创自己幸福美满的未来。

一、什么是理想和目标

理想，是对未来事物的美好想象和希望，也比喻对某事物臻于完善境界的观念，是人们在实践过程中形成的、有实现可能性的、对未来社会和自身发展的向往和追求，是人们的世界观、人生观和价值观在奋斗目标上的集中体现。对现状永不满足、对未来不懈追求，是理想形成的动力和源泉。理想分短期的和长期的，短期的一般指在近期要完成的目标；长期的一般

称远大理想，奋斗时间长，甚至需要不止一代人去实现。

目标，是想要达到的境地或标准，是对活动预期结果的主观设想，是在头脑中形成的一种主观意识形态，也是活动的预期目的，为活动指明方向。

理想和目标是密切相关的，理想决定了一个人的具体目标，而具体目标的实现则在一个人通往理想的道路上起到了里程碑的作用。理想本身就是人生的奋斗目标，而目标再升华一个层次就是理想。理想和目标都是一个人的指路明灯、精神支柱、前进动力和努力方向；都必须切合实际，既要志存高远，做到有前景、有奔头，又不能好高骛远，否则就成了空想、妄想。

二、为什么要有远大理想和目标

1. 有远大理想和目标是对大学生的基本要求

理想是一个人成长发展中不可缺少的追求，大学生对未来美好生活心生向往，但也肩负着民族、国家的希望和整个家庭的期盼。大学时期是理想形成的重要时期，也是立志的关键时期，为此，大学生在校期间，不仅要学好知识，增长才干，更要树立远大理想和目标，这对大学生的健康成长具有重大意义，也决定着其今后的人生发展。周恩来总理从小就立志"为中华之崛起而读书"，1917年东渡日本求学时写下"面壁十年图破壁，难酬蹈海亦英雄"的诗句，正是因为他年轻时就能树立如此豪壮的理想，才在为中国人民谋幸福、为中华民族谋复兴、为人类的进步建立了卓著功勋，他的这种树立远大理想和目标并落实在实际行动中的崇高风范正是当代大学生所需要学习的。

2.有远大理想和目标是成就人生的第一步

有志者，事竟成。古今中外，无数事实证明，一个人有了远大理想和目标，就会始终以饱满昂扬的精神状态，奋发有为的拼搏精神，迎难而上的不屈斗志，踏石留印、抓铁有痕的冲天劲头，从点滴小事做起，敢想敢闯，锲而不舍，持之以恒，一步一个脚印地向前迈进，一个一个目标地奋力实现，最终到达理想的彼岸，成就人生的辉煌。

3.有远大理想和目标才能勤奋学习、顺利成才

理想是大学生健康成长顺利成才的必要条件，大学生只有树立了远大理想和目标，才能真正认识到自己上大学的目的和意义，激发出为人民幸福、国家富强、民族振兴和自身成才而发愤学习的强烈责任感、使命感，从而明确学习目标，制订学习计划，勤奋用心学习，积极参加社会实践，刻苦磨练自己，努力提升自己的综合素质和投身中国特色社会主义建设的本

领,顺利成为中国特色社会主义建设的有用之才。浙江省学子周信静立志成才,经过刻苦努力,2009年从温州市龙湾区职业技术学校(职高)起步,读到大专、本科、硕士,最后读到美国麻省理工学院博士,创造了"几乎魔幻的逆袭人生",他确实是大学生们学习的好榜样。

4. 有远大理想和目标才会有奋斗的动力

著名哲学家苏格拉底曾说:"世界上最快乐的事,莫过于为理想而奋斗。"有位心理学家曾提出过一个著名的公式,即动力=目标价值×期望概率,形象地揭示了个人拼搏的动力与理想之间的正比例关系。当大学生为自己的理想和目标而奋斗时,就会产生强大的内在动力,并以惊人的干劲和毅力不懈努力,成就学业,创造辉煌。反之,如果没有理想和目标,就会因丧失对人生理想和目标的追求,进而缺乏前进动力,那将会在浑浑噩噩中消磨斗志,在无所事事中虚度年华,甚至步入歧途。正如奥斯特洛夫斯基形象地把理想比做一个人心中的"发动机"一样,有了这个发动机,人就有了巨大的前进动力。

5. 有远大理想和目标才能战胜所遇艰难险阻

理想和目标对于大学生战胜一切艰难险阻,获得人生的成功具有重要意义。大学生在学习生活中,特别是在为实现自己理想和目标的奋斗中，难免会遇到这样那样的挑战和困难，有了远大理想和目标，就会有战胜各种艰难险阻坚定不移的信心和坚忍不拔的毅力，就会以积极的心态勇于面对各种挑战和困难，千方百计地去克服困难，解决问题，排除艰险，最终实现理想和目标。奥运史上第一个独得三枚田径金牌的女子是美国的威尔玛·鲁道夫，她辉煌的成绩足以令世人感叹，可她曾经被医生判定为终身残疾，曾经有六年不会走路。年幼的她立志成为最优秀的田径运动员，这个可望而不可即的理想激励着她不顾别人的嘲讽，日复一日年复一年地努力，终于赢得了鲜花和掌声，创造了辉煌的奇迹。威尔玛·鲁道夫的成功，可以说是理想这一盏不灭的灯赶走了她心灵的阴影，照亮了她前进的方向，产生了她惊人的毅力，激发了她顽强的斗志，让她战胜了令人难以想象的巨大困难。

三、要树立什么样的理想和目标

1. 以马克思主义为指导，树立远大志向

大学生一方面要认真学习马克思主义理论，特别是要学习和掌握反映当代中国社会发展规律的马克思主义中国化时代化的最新成果，用科学的理论武装自己的头脑，坚定马克思主

义理想信念；另一方面要以马克思主义为指导，树立为中国人民谋幸福、为中华民族谋复兴的远大志向，把个人的远大理想同祖国命运、人民利益紧密联系起来，自觉融入共产主义远大理想和中国特色社会主义共同理想中去，坚持中国共产党的领导，听党话、跟党走，同人民一道，在努力实现中华民族伟大复兴中国梦和全面建设社会主义现代化国家伟大事业中展现自己的人生追求、实现自己的人生价值。

2. 以社会主义核心价值观为指引，争做优秀公民

社会主义核心价值观是社会主义核心价值体系的内核，体现社会主义核心价值体系的根本性质和基本特征，反映社会主义核心价值体系的丰富内涵和实践要求，是社会主义核心价值体系的高度凝练和集中表达。富强、民主、文明、和谐，自由、平等、公正、法治，爱国、敬业、诚信、友善，这 24 个字是社会主义核心价值观的基本内容。社会主义核心价值观是当代大学生健康成长和实现自身价值追求的思想指南，大学生要认真学习、深刻领会、准确把握社会主义核心价值观的丰富内涵和实践要求，以社会主义核心价值观为指引，树立正确的世界观、人生观和价值观，立志做践行社会主义核心价值观的优秀公民，把社会主义核心价值观融入大学的日常学习生活工作之中，用社会主义核心价值观规范自己的言行举止。

3. 以出色完成大学期间的学习任务为目标，立定志愿成才

祖国现代化建设需要人才，成就辉煌人生需要成才，而学习是在校大学生的根本任务，为此，大学生要以出色完成大学期间的学习任务为目标，立志成才。对此，一是要根据自己的人生理想和奋斗目标，结合自己的实际情况，认真思考谋划，确定高远且可行的学习目标。二是要根据自己的学习目标，结合学校的教学安排及要求，区分轻重缓急，全面细致考虑，制订切合实际的学习计划。三是要自觉围绕自己的学习目标和计划，珍惜在校的黄金时期，勤奋学习，刻苦钻研，积极思考，大胆实践，努力学好专业知识，全面提高自身素质，致力成为复合型人才，以适应祖国建设和自身发展的需要，竭力做一个对国家和社会有用的人。

4. 以奋力投身中华民族伟大复兴为己任，书写人生精彩

大学生毕业后是建设中国特色社会主义的中坚力量，为此，在校就要树立投身中华民族伟大复兴的远大志向，肩负起历史使命和时代责任，积极融入大学里去，刻苦学习，努力掌握建设国家、服务人民的本领；才能为祖国的繁荣富强贡献出自己的智慧和力量。相反，如果一个人不顾自身所处时代的召唤，脱离自己国家和民族繁荣发展的需要，不能摆正个人理想

同社会理想的关系，不能把个人理想融入社会需要之中，一切以自我为中心，独来独往，孤芳自赏，那么，不仅人生价值取向是错误的，而且这种追求也是结不出硕果的。

四、怎样实现远大理想和目标

1. 坚定信心矢志不渝

远大理想和目标的实现不会是一蹴而就的，在为理想和目标而奋斗的道路上往往会遇到艰难险阻，只有下定决心，坚定信心，不怕艰难险阻，始终保持勇于担当、奋发有为的精神状态和知难而进、迎难而上的无畏气概，发扬逢山开路、遇河架桥的奋斗精神，拥有开放包容的胸怀、矢志不渝的意志、义无反顾的勇气、扭住不放的韧劲、持之以恒的毅力、一抓到底的决心，不达目的决不罢休，才能把人生宏伟的蓝图变成现实。

2. 拥有积极向上的心态

远大理想和目标要想实现，拥有积极向上的心态至关重要。在这个世界上，什么事情都是有两面性的，一个人可以选择积极地看到它的好的一面，也可以选择失望地感叹它的坏的一面，如果有积极向上的心态，即便最黑暗的时刻，也依然有着无尽的希望和力量，因此，拥有积极向上心态的人，更会增加对美好世界和生活的热爱而充满激情和干劲，更会从积极的角度来看待时局及问题而保持乐观和自信；更会正确对待学习工作生活而感到快乐和幸福，更会专注于解决问题而不是陷入消极情绪中，这样就会更容易实现远大理想和目标。

3. 练就自身过硬本领

练就过硬本领，需要大学生如饥似渴地学习。大学生正处于学习的黄金时期，要牢记学习这一根本任务，不断增强学习的使命感和紧迫感，珍惜时间，专心致志，刻苦钻研，努力学习科学文化和专业知识，加强实践锻炼，坚持理论联系实际和学以致用，不断提高综合素质和专业水平，为投身中华民族伟大复兴事业练好本领。

4. 找好人生奉献舞台

大学生一是要努力寻找和追求好的人生舞台。只有找到适合自己的人生舞台，才能最大限度地发挥自己的聪明才智，实现自己的人生价值和理想目标。二是要树立正确的择业观念。择业是每个人的重要选择，大学生要树立正确的"三观"，全面了解社会和客观认知自己，正确处理个人追求与国家、社会需要的关系，理性地分析和判断就业形势，既要积极主动抓机会，又不能盲目追求热门行业、高薪职业或过于急躁去将就，要根据自己的实际情况把握好就业，找好自己的奉献舞台。三是要正确对待自己的岗位。三百六十行，行行出状元。不论从事什么职业、在什么工作岗位，只是社会分工的不同，都是实现人生价值的舞台，只要爱岗敬业，负起责任，勤奋努力，就能为中国特色社会主义伟大事业贡献自己的力量、实现自己的远大理想和目标。

5. 脚踏实地勇往直前

古人云：合抱之木，生于毫末；九层之台，起于累土；千里之行，始于足下。漫长的征程需要一步一步地走，远大理想和目标的实现需要一点一滴地奋斗。唯有拼搏多壮志，成功都自汗水来。通往理想目标的征程虽然遥远，实现理想目标也不可能一蹴即至，但只要脚踏实地，不怕困难，不畏艰险，讲究方法，奋力拼搏，勇往直前，就一定能够到达终点成就心愿。著名数学家华罗庚曾语重心长地对青年学子们说："踏踏实实、循序渐进，与雄心壮志、力争上游并不矛盾，不踏踏实实打好基础，就无法攻尖端、攀高峰，有时表面上看好像是爬上去了，但实际底子是空的。"华罗庚认为："雄心壮志只能建立在踏实的基础上，否则就不叫雄心壮志。雄心壮志需要有步骤，一步步地，踏踏实实地去实现，一步一个脚印，不让它有一步落空。"

§2 录取的大学和专业,确实需要正确对待

作为被大学录取的新生,无论录取的是什么样的大学和专业,除因特殊原因选择复读外,都要正确对待,高高兴兴去上大学,尽快地融入大学的学习生活中去,放飞青春梦想,不负大学美好时光。

一、要正确对待考上的大学

1. 要客观对待对考上的大学的满意度

不可否认,名校不管是硬件还是软件都有着一般院校不可比拟的优势,谁不想考取名校呢,然而每年能考取名校特别是考取清华、北大的时代骄子是非常有限的。我国除了名校,还有很多综合实力强的大学;有的大学虽然不是名校,但在某些

学科方面却是非常有特色的。作为大学新生,并非要被名校录取了才满意,只要一是自己高考发挥正常,考得了正常发挥的分数;二是所考上大学的录取分数总体跟自己所考得的分数相当,自己所考的分数没有被"浪费"掉;三是所考上大学所在的城市和学校性质、办学实力、优势及特色等自己比较中意,就应该对录取的大学感到满意。

2. 对录取大学不够满意该怎么办

大学新生如果对考上的大学不够满意,也不要气馁,而要从以下4个方面积极应对:

(1) **客观分析对考上的大学不够满意的原因**。造成对考上的大学不够满意的原因有可能是下列三种情况中的一种,也有可能是下列三种情况中的二种,甚至可能下列三种情况都存在。第一种是自己高考没有发挥好,考得的分数低于了正常发挥的分数;第二种是考上的大学的录取分数总体低于自己所考得的分数,自己所考的分数被"浪费"了一部分;第三种是考上的大学所在的城市和学校性质、办学实力、优势及特色等没有达到自己的愿望。

(2) **根据不够满意的原因区别对待**。如果对考上的大学不够满意是上述第一种或者第二种情况造成的,或者是上述第一种和第二种情况一起造成的,并且分数相差较大,那么可以考虑复读，努力争取在下一年考取自己满意的大学。除选择复读外，就要正确对待考上的大学，千万不能自暴自弃，而要相信"是金子在哪都会发光的"。不论在哪所大学就读，只要勤奋努力，都是可以成才的，尽快消除不够满意的负面情绪，以积极向上的心态去上大学。

（3）**安下心来刻苦努力学习**。到了大学后，就要安下心来，倍加珍惜难得的大学学习机会，根据自己的实际情况和理想目标，认真进行思考和谋划，确定学习目标，制订学习规划，积极主动地融入大学的学习生活中，全面发展好自己，确保充实并富有成效地度过大学的美好时光，为成功人生打下坚实的基础。

（4）**立志考自己满意大学的研究生**。现在所上的大学，并不是一个人可以享受高等教育的最后一站，既然对考上的大学不够满意，可以立志考自己满意大学的研究生，只要通过发奋努力考取了自己满意大学的研究生，那不仅刷新了自己最后毕业的大学，还提升了自己的学历，将成为改变自己命运的一个重要转折。

二、要正确对待录取的专业

1. 要客观对待录取专业的满意度

大学新生如果对录取的专业感到满意，那是一件很高兴的事。但是，假若对录取的专业不够满意，那就要从以下三个方面理性地看待录取的专业：

（1）**不要这山望着那山高**。大学的专业是非常多的，根据2023年版《普通高等学校本科专业目录》，仅大学本科就有哲学、经济学、法学、教育学、文学、历史学、理学、工学、农学、医学、管理学、艺术学12个门类792个专业，每个专业都是依据社会需要设置的，都有其独特的存在价值。三百六十行，行行出状元，专业也没有绝对的好坏之分，要比较全面地了解大学的专业设置情况，客观地看待自己录取的专业，不要这山望着那山高。况且对录取的专业，可能开始时不怎么喜欢，但随着对其认识和学习的不断深入，又会逐步喜欢起来。

（2）**所学专业不等于将来从事的职业**。虽然在大学里所学专业确实是在为以后积累知识，但并不代表以后的职业一定和这个专业有关，很多成功人士从事的职业都不是当初在大学里学习的专业，他们的成功并不在于学了什么专业，而是在于他们勤于、善于学习和能够审时度势找到适合自己的职业。大学所学专业仅是人生的一次学习定位，并不能完全决定一个人毕业后的职业。

（3）**什么专业学好了都会有用武之地**。各个专业都会有各自的用途和前景，无论你学的是什么专业，只要把它学好了，如果毕业后从事的是所学专业的工作，那么所学的专业知识将是你工作中的"杀手锏";即使毕业后从事的是非所学专业的工作,你的专业背景依然可能成为你工作中的优势。

2. 对考上的专业不够满意该怎么办

大学新生如果对考上的专业不够满意,也不要灰心丧气,而要从以下 5 个方面积极应对:

(1)**深入了解并试着融入考上的专业**。对考上的专业不够满意有可能是对这个专业不够了解,为此,要迅速通过多种途径包括查阅相关资料、向老师和学哥学姐咨询请教,深入了解所学专业,搞清楚这个专业究竟是学什么、培养什么人的,在社会中的价值、地位以及就业前景,努力提高对所学专业的兴趣,主动试着融入所学专业中,看能否改变看法,从不喜欢而变为喜欢。

(2)**想方设法转专业**。如果通过深入了解并尝试一番后仍觉得对所学专业不喜欢或不满意,那就事不宜迟要赶快想方设法转专业。确实,就读一个理想的专业,有利于在学校的学习进步,毕业后能够有更好的就业前景、薪资待遇以及生活方式。在转专业之前,要认真评估自己的兴趣、能力、优势、职业目标和想读专业的市场需求,慎重综合考虑,尽量选择到一个自己喜欢、就业前景好并且适合自己的专业,特别是要正确看待专业的热门与冷门,保持理性的心态,不能盲目跟风。在转专业时，要努力熟悉和运用好学校的转专业政策，开动脑筋，找到切实可行的转专业路径，并为之努力。这里需要说明的是，转专业从理论上讲是有可能的，但实际上成功率是较低的，要结合所在大学的相关政策认真规划。

（3）**认真学好就读的专业**。无论对就读的专业是否满意，既然学了这个专业，特别是转成的满意专业，就要安下心来认真地学好，因为就读专业的课程是在大学里学习的主要内容，只有认真学好了，才能达到如期毕业的要求，才能在就业的时候有专业优势，更好地发展自己的职业生涯，为社会做出更大的贡献。

（4）**选修第二专业**。第二专业指的是在一些大学里学生除了本专业以外，还可以通过申请选择修读的第二个专业。选修第二专业完成学业后可以拿到第二专业的学位证书。在可以选修第二专业的大学，对考取的专业不够满意的学生，可以选修第二专业，这样不仅可以解决自己对考取专业的不满意，而且可以增加自己的知识储备，提升职业竞争力，并为未来职业发展打下更坚实的基础。当然，选修第二专业，要付出更多的辛勤和努力。

（5）**立志跨专业考研**。跨专业考研是改变自己对所学专业不满意的一条好途径。跨专业考研虽然难度更大，但只要意志坚定，从入学开始就在学习就读专业课程的同时努力学习准备考研专业的课程，不仅考研的难度会大幅降低，而且因为对准备考研的专业感兴趣，还会增加考研备考的激情和干劲，备考的效果就会更好，考取研究生的成功率就会更大。

§3 学会独立快乐生活，筑牢幸福人生之基

学会独立快乐生活是大学生离开父母身边、适应大学生活并完成角色转变的迫切需要，也是一个人成长和成熟的必经之路，大学生只有具备了独立快乐生活的能力，才能自由自在地去生活、去学习、去追求自己的梦想。

一、为什么要学会独立快乐生活

1. 学会独立快乐生活是一个人必修之课

一个人早上一起来就要穿衣、洗漱、吃饭，人活在世上有很多生活上的事情需要面对和处理，大学生进入大学前，生活上的很多事情父母会给办理好，进入大学后，父母不在身边，生活上的事情就要靠自己打理了，为此，独立快乐生活是每个

成年人必须具备的能力，特别是大学生首先需要学会的。

2. 学会独立快乐生活是一个人成功之基

当一个人学会了独立快乐生活，养成了良好的生活习惯，就会增强责任感、自信心并放弃依赖、懒惰思想，就会保持愉快的心情和饱满的精神状态，学习工作生活就会有激情、动力和干劲，就更会动脑筋、想办法做事情、解难题，各种能力就会随之提高，各种收获也会随之增多，从而为走向成功奠定了基础。

3. 学会独立快乐生活是一个人幸福之源

当一个人学会了独立快乐生活，心里才会明亮，生活才会有底气，才能勇敢、从容、自信地面对生活，才能适应错综复杂的生活环境，才能发现生活中的美好与乐趣，才能有能力处理好生活的方方面面，把幸福人生的主动权牢牢地掌握在自己手里，不被他人左右，不委屈自己，活出生活的精彩、滋味和质量。

二、学会独立快乐生活需要怎样做呢

1. 要树立正确的生活理念

独立快乐生活既是一种能力，也是一种态度，要学会它，首先必须树立正确的生活理念。一是心态要正确。要有积极向上的生活心态，热爱生活，感恩生活，始终保持乐观、自信和坚韧的生活态度。二是思想要独立。生活是自己的，凡事要有自己的想法，要有自己的主见，要有自己的态度，能够把握大是大非的原则问题，按自己的想法去过自己想要的生活，不要拿别人的思想来框定自己的人生，不要用别人的看法来衡量自己的生活。三是人格要独立。自己的事情，自己做主，自己的问题，自己解决，自己的责任，自己承担，不要去依赖别人。当然，大学生由于社会阅历和经验不足，一些重要事情还是要多跟父母、老师沟通并听取他们的意见。

2. 要学会自我管理的本领

自我管理是指利用自己内在力量规划控制自己的行为、时间、精力、资源和情绪，学会自我管理是独立快乐生活的基础。一是要学会时间管理。通过合理安排时间，实现对时间的灵活以及有效运用，从而更高效地实现各项目标。二是要学会事务管理。要区分轻重缓急，科学安排好各项事务，以确保对各项事务的处理有条不紊地顺利进行。三是要学会财务管理。大学生虽然不能做到经济独立，但要学会独立处理财务问题，对父母给的钱、获得的奖学金等，要做好支出预算，合理理智消费，节约支出，避免浪费，多余的钱可以存入银行以备急需。四是要学会情绪管理。在生活中，不可避免地会遇到情绪波动，要正确对待、掌控和处理情绪，切实稳定好自己的情绪，不能让情绪影响自己的生活。

3. 要学会基本的生活技能

独立生活有很多具体的事情要做，不仅要学会煮饭做菜、洗衣服、打扫卫生、选购生活物品，而且要学会饮食中的营养搭配、开车、网上购物、网上办理生活事项等，以确保生活的顺利进行。为此，一方面要积极去学习做家务，不会的看看别人是怎么做的，或从书本上、网上学着做，或参加专门培训如考驾照，并要虚心向别人请教；另一方面要保持求知欲，不断学习生活的新知识和技能，以适应现代生活的需要。

4. 要养成良好的生活习惯

独立快乐生活离不开良好的生活习惯，后面会讲述"养成好的人生习惯，获得打开成功大门的金钥匙"的话题，如何养成良好的生活习惯将包括在其中，这里就不赘述。

5. 要提高解决问题的能力

生活中会遇到各种各样的问题，轻松愉快妥善地解决好这些问题是独立快乐生活的关键，为此，一是要提高独立思考的能力。要对遇到的问题通过自己的多角度分析判断把握内在本质、找到解决答案。二是要提高独立决策的能力。要根据自己的世界观、人生观、价值观和实际情况，客观地看待问题，相信自己的判断力，做出明智正确的决策。三是要提高善抓落实的能力。要明确目标，做好计划，沉着冷静，雷厉风行，敢想敢干，不等不靠，锲而不舍，一步一个脚印地落实到位。

6. 要学会处理好各种关系

生活中有着错综复杂的各种关系，要学习处世之道，学会妥善处理这些关系。一是要处理好独立快乐生活与学习工作的关系。生活、学习、工作对一个人来说都非常重要，要尽量将生活与学习、工作融合在一起，努力寻找到它们之间的平衡点，当三者之间发生冲突时，要统筹兼顾合理安排好。二是要处理好独立快乐生活与寻求帮助的关系。独立并不是自我孤立，当你遇到困难或问题自己解决不了时，要毫不犹豫地寻求他人的支持和帮助，善于借力与独立并不矛盾。三是要处理好独立快乐生活与融入社会的关系。独立快乐生活不是闭关自守的关门主义，而要积极融入社会中，多与他人联系沟通、交往合作，并在多姿多彩的人生舞台上享受自己的独立快乐生活。

7. 要学会寻找生活的乐趣

生活中的乐趣是每个人都希望拥有的，如何寻找生活的乐趣呢？一是要端正思想观念。不在乎别人的看法，做自己喜欢的事情，如喜欢看书就多看书，找到适合自己的快乐方式。二是要保持好奇心。生活本身就是一个充满可能的过程，只要保持好奇心和求知欲，就能够从中汲取无穷无尽的乐趣。三是要培养兴趣爱好。每个人在生活中都需要一些爱好来让自己感到快乐和满足，如打篮球、下围棋、弹吉他、唱歌跳舞等，无论哪种爱好，都可以让你在学习、工作之余放松自己，让自己的生活更加充实并丰富多彩。四是要建立良好人际关系。这是找到生活乐趣的重要途径之一，因为通过与他人交往互动，不仅会感到不孤独，而且能获得更多的有用信息、支持帮助、社会经验和成功机会。五是要积极参加有益活动。参加有益活动不仅可以丰富课余生活，释放学习压力，还可以开阔视野，增长见识，增加社交机会，锻炼各种能力。

8.要学会消除生活之不乐

在生活中，遇到不快乐的事情是难免的。对出现的不快乐事情，要保持乐观的态度，以正确的心态对待，客观冷静地分析出现的原因，认真思考寻求消除的办法，积极主动地进行消除，即使一时不能消除，也要调节好自己的心情，不把它放在心上，并且可以通过看场电影、外出游玩等方式淡忘不快乐的事情。

§4 主动融入大学中去,放飞青春成就梦想

作为大学新生,面对新的校园环境,只有主动融入大学中,才能开启快乐高效学习、丰富多彩生活的新征程,度过充实并富有成效的大学美好时光。

一、为什么要主动融入大学中去

1. 主动融入大学中是学习的需要

在大学里,学生的根本任务就是学习。大学生如何才能学好呢?首要的就是要主动融入大学中,只有如此,才能融入大学的学习氛围中,确定好符合自己实际的学习目标,寻找到适合自己的学习方法;才能营造出有利于自己学习的环境,在学习上得到各方面的支持和帮助;才能激发出学习的热情和干

劲，取得好的学习效果。

2. 主动融入大学中是生活的需要

主动融入大学中，才能熟悉并适应大学的生活环境，身边才会有许多好朋友和欢声笑语，才能在生活上得到更多人的关心和帮助，才会有各种各样的生活舞台让你一展风采、收获喜悦，才能为全身心地投入学习提供生活上的保障，才能让你的大学生活过得多姿多彩并有意义。

3. 主动融入大学中是就业的需要

大学生毕业后，都要走向社会就业，主动融入大学中，参加的活动、接触的人员、经历的事情、学到的知识、思考的问题都会更多，可以更好地认清就业形势、端正就业态度、转变就业观念，可以更多地了解掌握有关的就业政策和信息，可以更深入地学到就业和参加岗位竞争笔试、面试的策略技巧，并且在就业过程中还有可能用得上在大学里积累的人脉，从而更加称心如意地实现就业。

4. 主动融入大学中是发展的需要

主动融入大学中，可以开阔视野，增长见识，学到更多的知识，得到更好的锻炼，提高自己的综合素质；可以更好地学会与人相处，结交更多的好朋友，建立良好的人际关系；可以更好地认识社会，增加社会阅历，增强适应社会能力。这些都是大学生在学校和走出校门后快速健康持续发展所需要的。

二、怎样主动融入大学中

1. 保持积极向上的心态

迈入大学校门，新生要保持积极向上的心态，相信自己能够快速融入新的学习生活中，能够有效应对各种困难和挑战，以开放包容的态度去接受新事物和适应新环境。在融入大学的过程中，新生需要学会自我调节和管理，包括管理自己的情绪、处理自己的压力、调整自己的心态等，这样可以提高自己的心理素质和适应能力，进而更好地融入大学中。

2. 了解学校基本情况

新生入学后，一是要迅速到校园四处转转，看看教室、图书馆、办公楼、食堂、超市、各类球场、文艺场所、医务室等都在哪里，有哪些幽静散步休闲的地方，尽快熟悉学校的布局及校园的每个角落；二是要了解学校的校史、校规、校纪、专业设置、课程安排、考试制度、校园文化、发展规划、现任领导等情况。通过了解上述信息，能够更好地融入学校的学习生活。

3. 适应大学学习特点

学习是在校大学生的根本任务，学习的融入是大学生融入大学中的重中之重。然而，大学与高中相比，学习的时间、内容更加自由，也不像高中那样，学习的目标非常明确即考取大学，并有老师、父母紧盯着学习，为此，大学新生要尽快转变角色，增强自我学习意识，适应新的学习特点。具体来说，一是要确定学习目标，让自己有努力的方向；二是要制订学习计划，使自己的学习能够有条不紊地进行；三是要针对大学的学习特点，探索找到适合自己的学习方法，以提高学习的效率和效果。

4. 积极融入班级集体

班级是学校行政体系中最基层的组织，是开展教学活动的基本单位，是学生学习和从事集体活动、结交好友的场所。为此，学生要服从老师和班级的安排，积极融入班级集体。一是要刻苦学习，努力使自己成为一名品学兼优的学生；二是要与班级同学和睦相处，公正处事；三是要有集体荣誉感，支持老师、辅导员和班干部的工作，积极参加班里的各项活动，尽力为班级作出贡献。

5. 多与同学交往交友

大学同学来自全国各地，甚至国外，大家的生活习惯、脾气性格、兴趣爱好、家庭教育、成长经历、消费观念等，都可能存在差异，但毕业走向社会后再也找不到这么多的有志青年聚集在一起的地方了，为此，大学生要珍惜机会，以海纳百川的胸怀，多方式、多渠道主动与同学交流交往，如加入微信群、参加学术交流活动、课外打篮球踢足球等，一起参加活动，分享彼此的经验和感受，既能够丰富生活，利于学习，又可以多结交一些志同道合的朋友，建立良好的人际关系，这也是主动融入大学中的一个重要方面。

6. 真诚与室友和谐相处

在大学里，宿舍是主要的生活场所，也是重要的学习场所。室友来自不同的地方，但能同住一间宿舍确实是缘分。室友要想和谐地一起度过宝贵的大学时光，就要换位思考、将心比心，共同做好以下七个方面：

（1）**以诚相待**。尽心做事，宽容待人，乐于助人，大方大度，不要吝啬，不要为了一些鸡毛蒜皮的小事斤斤计较。

（2）**统一作息**。集体生活宜有统一的作息时间，不管是

"夜猫子"还是"早睡党",都应该尊重别人的生活习惯,适度退让,在日常起居生活中给予包容和理解。

(3)**不触犯他人隐私**。不过分探寻室友的私事,未经室友同意,切不可擅自乱翻其物品。

(4)**不搞"小团体"**。以平等的态度对待每一个人,不要厚此薄彼。当然,也不反对与其中一个或两个室友更深交,但绝不能对其他室友疏远不理。

(5)**维护宿舍环境**。制定宿舍管理规定,轮流打扫卫生,完成自己该做的杂务。

(6)**学会分享**。开学或从家乡返校时,可以带一些家乡特产与室友分享,平时可以买些小零食跟室友一起分享;有什么开心快乐的事情也可以进行分享,这样能变为翻倍的开心快乐。

(7)**善于化解矛盾**。室友长时间生活在一起,出现不和谐的因素也是难免的,关键是要善于化解,比如有什么误解可以开诚布公地讲出来,有的事情还需要请第三者进行调和,一定要避免吵架,特别是不能打架。

7. 多跟校方联系沟通

大学生要多跟学校的教师、辅导员、宿舍管理员、学生会、党组织、团组织等联系沟通,以获得更多的关心和帮助,解决自己想要解决的问题。特别是要以谦虚好学的态度,主动多向老师、辅导员汇报请教，拉近与他们的距离，建立深厚的师生感情，争取得到他们更好的教育辅导，为自己的学习进步和健康成长奠定良好基础。当然，联系沟通要讲究方式方法，既可以当面汇报沟通，更要发挥现代通信技术的优势，采取发电子邮件、微信信息等方式进行汇报沟通，不过发电子邮件、微信信息等时要注意格式和礼节。

8. 积极争当学生干部

大学生作为时代骄子，要争当学生会干部和班干部，这样不仅可以发挥自己的聪明才智为全校（或全院）、全班同学服务，奉献自己的热血青春，而且可以更好地锻炼自己，提高自己的组织领导、沟通协调和人际交往能力，扩大自己的社交圈，结交到更多有理想抱负的朋友，对毕业后找工作也更有利。当了学生干部，是会有很多事情要去处理的，根据自己的奋斗目标、能力等实际情况，考虑到时间和精力有限等因素，可以只争当学生会干部或班干部，甚至只争当一个相对轻松的岗位。当然，没有争到也不要有什么思想情绪，毕竟当学生干部的只是少数人，更重要的是全身心地投入学习中。

9. 踊跃参加各类活动

大学里的活动是极为丰富的，大学生要踊跃参加各类活动，以充实生活，促进学习，更好地融入学校中。

（1）**踊跃参加迎新活动。**每年新生入学季，大学都会举办迎新活动，如新生见面会、迎新晚会等，这些活动是同学们互相认识、增进了解、建立友谊、结交朋友的好机会，千万不要错过，并且要注重做好自我介绍，让别人记住你及你的名字。

（2）**踊跃参加课外活动。**大学的课外活动场所多，课外活动是很丰富的，大学生要踊跃参加，如参加球类运动、文艺活动等，通过参加这些活动，不仅能丰富大学生活，发展自己的兴趣爱好，而且能结交许多志趣相投的朋友。

（3）**踊跃参加学术交流活动。**学校经常会举办各类学术交流活动，如学术研讨会、学术报告会等，参加这类活动，学生既可以拓宽学术视野，又可以更好地跟同学交流交往。

（4）**踊跃参加社会实践活动。**大学生踊跃参加社会实践活动，不仅有利于了解社会、认识国情、将理论知识转化为实际能力、提升适应社会服务社会的能力，而且可以提高自己的社交能力，结识更多的校内外朋友。

（5）**踊跃参加志愿服务活动。**通过参加志愿服务活动，既可以为社会作出贡献，增强社会责任感和提高团队合作能力，又可以跟更多的同学接触交往。

（6）**踊跃参加联谊活动。**大学里有很多联谊活动，如联谊晚会、节日聚餐等，踊跃参加这些活动，与同学们同乐，可以增进友谊，有助于更好地融入大学中。

10. 积极参加有益组织

大学里有各种有益组织，积极参加有益组织也是大学生主动融入大学中的主要渠道之一。

（1）**积极参加学生社团**。学生社团是学生在自愿基础上形成的各种群众性文化、艺术、学术团体。大学里有众多的学生社团，同学们可以根据自己的兴趣爱好选择加入1—3个社团，其中可以考虑加入1个学术性质的社团，并定期参加活动，这样不仅可以学到相关知识、提升相关技能，让大学生活更加丰富，还能结交有共同兴趣爱好的朋友。

（2）**积极参加学习小组**。在大学里，学习小组是一个很好的互助学习平台，通过参加学习小组，成员之间可以一起讨论问题、交流心得、互相帮助，在取得学业进步的同时，也能够建立深厚的友谊。

（3）**积极参加同乡会**。大学同学来自四面八方，在大学里会有同乡会，参加同乡会也是有好处的，因地缘原因，大家相见亲切，更易交往，更能够做到互相关心、互相照顾、互相帮助。不过，对同乡会的活动不要盲从，而要理智看待，慎重决定是否参与。

11. 多去公共场所活动

大学里的公共场所是很多的，大学生除自然会去的食堂、教室等公共场所外，主要应该多去如下三类公共场所活动：

（1）**多去图书馆**。大学的图书馆是大学实力的体现，里面藏书很多，设备齐全，环境宜人，多去图书馆不仅是融入学习氛围和促进学习的重要途径，而且可以结交到一些热爱学习的朋友。

（2）**多去体育场所**。大学生多去体育场所，积极参加体育运动，既可以锻炼身体，放松身心，提高体育竞技水平，又可以结交到一些有共同体育爱好的朋友。

（3）**多去文艺场所**。大学生多去文艺场所，积极参加文艺活动，既可以陶冶情操，愉悦心情，提升文艺素养，又可以结交到一些有共同文艺爱好的朋友。

大学生在大学里应该这样度过，当你走出校园后，再回首校园往事的时候，不因虚度年华而悔恨，也不因不学无术而羞耻。

§5 始终牢记学生身份，专心致志投入学习

大学期间是一个人最美好的青春时光，也是一个人最重要的成长时期，在这为实现人生理想打基础的大学时光里，大学生既要让自己的生活丰富多彩，更要立足根本专心致志地投入学习。

一、要端正学习态度

1. 大学生的根本任务就是学习

大学生（特指在读的）是正在接受基础高等教育和专业高等教育还未毕业的一群人。因此，学习是大学生的天职，大学生的根本任务就是学习。其实，大学生也没有理由不专心致志地投入学习，一是作为时代的幸运儿，能够考取大学，这是多么难得的学习机会，需要倍加珍惜；二是祖国给你提供了这

么好的学习条件和环境，而且有着各种支持保障，如发放奖学金，唯有好好学习，才能对得起伟大的祖国、教导你的老师、养育你的父母。

2. 勤奋学习是成才的必由之路

祖国现代化建设需要人才，成就辉煌人生需要成才。作为时代骄子的大学生，没有理由不立志成才。如何才能成才呢？书山有路勤为径，学海无涯苦作舟。唯有勤奋学习，才是通往成才之路。为此，大学生要有强烈的求知欲望，珍惜在校的黄金时期，勤奋学习，刻苦钻研，积极思考，大胆实践，努力掌握现代化建设所需要的各种知识和技能，全面提高自身素质，致力成为复合型人才，增强社会竞争力，为毕业后投身祖国的建设和自身的发展奠定良好的基础。

3. 加强学习是完善自我的需要

人非生而知之，而是学而知之。当今社会，科技进步日新月异，社会变革不断深化，大学生面临着更多的机遇和挑战，不广泛学习，就会跟不上时代的步伐，毕业后不能适应做人做事的知识需求。只有珍惜大学时光加强学习，才能掌握更多立身处世所需的知识，才能提升自己的思想境界，才能不断完善提高自我，毕业后才能做一个对国家和社会有用、受人尊重的人。

二、要明确学习目标

明确学习目标是大学生学习的战略前提，是提高学习积极性、自觉性和效率的关键。一个大学生有无明确的学习目标，决定着其在大学期间是否有明确的追求，是否能够积极向上，是否有学习的动力和干劲，以及学习效率的高低。

大学生如何确定学习目标呢？总体来说，一是要根据自己的人生理想和奋斗目标；二是要切合自己学习的现状、潜能和优势等实际；三是要与学校的教学安排和要求合拍；四是要考虑社会需要、个人爱好和家庭因素等情况。具体来说，一是学习目标要定得适当，不能定得过高或过低，过高了，容易丧失信心，最终无法实现，成为空想；过低了，无须努力就能达到，不利于成长进步，失去了目标的意义；适当的目标是根据自己的实际情况提出的、经过努力能够达到的目标，是跳起来能够摘得到的"桃子"；二是既要有长、中期学习目标，如毕业时考取研究生或考取公务员，毕业后去国外深造，大二考过英语六级，又要有短、近期学习目标，如大一暑假考取小型汽车驾驶证，某月以优秀为目标撰写完成毕业论文；三是随着时间的推移，学习目标在实施过程中要不断调整完善使之符合实际情况，不过不到万不得已不得调低学习目标。需要说明的是，每个大学生的学习目标都不是唯一的，但有主、次之分，重点是要明确主要学习目标，如考研；并且学习目标有不相关的，如考取研究生、学好二胡是不相关的，有从属的，如考取研究生目标下有英语考过六级等很多从属目标。

三、要制订学习计划

凡事预则立，不预则废。学习好与不好的差别重要的一条就是有没有学习计划。为此，大学生入校后，就要制订一个科学合理的学习计划，对自己在大学期间的学习做出规划安排。

如何制订学习计划呢？总体来说，一是要根据自己的学习目标，如毕业时想考取研究生与想考取公务员的学习计划是有区别的，因为围绕考研与考公务员的学习、复习内容不同；二是要根据学校的教学安排和要求，不能搞成"两张皮"；三是要根据自己的实际情况，如学习的特点、学习的现状等；四是要突出重点，抓住关键。具体来说，一是要考虑全面细致，安排周到具体，务必做到切合实际，能够落实，有利于提高学习效率和达到学习目标；二是要根据轻重缓急来安排时间，一般来说，要把重要的或较难的学习任务安排在前面，这样更有时间和精力保证，而把比较容易的放在稍后去做，不重要的可不作安排；三是既要有长、中期学习计划，即整个大学期间、每学年、每学期的学习计划，如考研的大三开始备考、考公务员的大四去参加公务员考试培训，又要有短、近期学习计划，即每月、每周、每天的学习计划，其中长、中期的学习计划可以粗略些，短、近期的学习计划就要具体可操作，做到长计划、短安排、立即做；四是随着时间的推移，学习计划在实施过程中要不断调整完善使之符合实际情况。

四、要有学习好习惯

1. 为什么要有学习好习惯

学习习惯是在学习过程中经过反复实践形成并发展，成为一种个体需要的自觉化学习行为方式。养成良好的学习习惯，就好像拥有了一把打开知识宝库的金钥匙，有利于激发学习的积极性和主动性；有利于形成学习策略，提高学习效率，更好更快地掌握知识；有利于培养自主学习能力；有利于培养创新精神和创造能力，可以受益终身。

2. 要有怎样的学习好习惯

有利于学习的习惯都是学习的好习惯，因此，学习的好习惯是非常之多的，下面列举大学生应具备的一些学习好习惯。

（1）**热爱学习的习惯**。热爱学习，是所有学习习惯中最重要的习惯。其实，把学习当作一种乐趣，是积极向上的人生态度，是适应新时代的需要，有了这种习惯，学习就会成为自觉的行动，不仅不会觉得苦和累，而且会从中享受到快乐。

（2）**尊师重道的习惯**。尊师重道就是尊敬师长，重视其传授的知识。一个学生只有从心底里尊敬自己的老师，才会听得进他所传授的知识。有时候遇到不太喜欢的老师，也要摆正心态，看到他的长处，努力去适应，否则吃亏的还是自己。

（3）**勤奋吃苦的习惯**。书山有路勤为径，学海无涯苦作舟。知识不会轻易地钻进一个人的脑海里，在学习的道路上，没有捷径可走，没有顺风船可驶，想要在广博的书山、学海中汲取更多更广的知识，勤奋吃苦是必不可少的。

（4）**设定学习目标的习惯**。有了学习目标，才会有努力学习的方向，才会有学习的动力和干劲，才会有计划、有针对性地主动进行学习，避免学习的盲目性和低效性，更好地检验自己的学习进度和效果。当然，所设定的目标既要有切合实际的总目标，又要有便于落实的细化目标，从而保证一步一个脚印地向前迈进，最终达到学习目的。

（5）**有计划学习的习惯**。增强学习的计划性是高效学习的关键。为此，要有学习的长、中期和近、短期计划，做到长计划短安排，科学规划自己学习的时间，分清轻重缓急有条理地进行学习，以确保圆满达到学习目标。

（6）发挥"钉子精神"的习惯。"钉子精神"就是在学习上要有挤劲和钻劲。一方面，在大学期间，虽然学习时间多，但需要学习的东西也多，还是要善于挤时间学习；另一方面，学习最忌讳一知半解、浅尝辄止，要有刻苦钻研精神，做到不学懂弄通不罢休。

（7）勤思善问的习惯。一方面，学而不思则罔，只有勤于思考，才能学深悟透、融会贯通、激发思想活力；另一方面，要善于虚心向老师、同学及其他人询问请教，特别是要不耻下问，这样才能切实解决在学习中遇到的问题，真正提高自己。

（8）协作研讨的习惯。在学习中懂得团结协作、相互配合、共同研讨是很有必要的，如遇到自己无法解决的学习问题时，可以向同学虚心请教或跟同学一起研讨，以获得灵感、厘清思路、解决问题、共同进步。

（9）热爱阅读的习惯。阅读是一切学习的基础，必须注重对阅读能力的培养。多读书、读好书，把阅读融进学习生活中，变成一种高尚的情趣，可以充实生活、增长知识、开阔视野、陶冶情操、提高综合素质。

（10）读书动笔的习惯。养成"不动笔墨不读书"的好习惯，边读边标记重点和精彩之处及进行批注，留下阅读痕迹，还可以动笔做读书笔记、写读书感悟，以便更好地理解记忆和今后重温巩固。

（11）**理论联系实际的习惯**。在学习中，要发扬理论联系实际的优良传统和学以致用的务实精神，增强"用"的意识，关心实际问题，努力把所学的理论知识运用到生产生活中去，在实践中消化和验证理论知识，提高自己的学习兴趣和理论水平、实践能力。

（12）**"开门"读书的习惯**。独学而无友，则孤陋而寡闻。面对当今纷繁复杂的社会，大学生不能"两耳不闻窗外事，一心只读圣贤书"了，而要有"开门"读书的思维和理念，积极融入到学校大的学习环境中去，关心关注同学们的学习情况并善于学习借鉴同学们学习的好做法好经验；同时，还要热心关注校外世界。

（13）**常去图书馆的习惯**。大学图书馆里有大量的图书资料，并且环境优美安静，很是适合学习，为此，大学生要常去图书馆，在那里既可以接触到极为丰富的学习资源，畅游知识的海洋；又可以作为学习场所坐下来静心预习、复习功课和做作业及整理笔记、写文章等；同时，还会养成自律自觉学习的好习惯。

（14）**善用零碎时间的习惯**。一个人每天都会有许多零碎时间，如搭乘公交车、上厕所、等人、排队办事等，这些时间很容易被人浪费，但如果把它利用起来，日积月累，就是一个巨大的时间宝库。为此，要善于见缝插针地发挥好零碎时间的作用，如用于记英语单词、背数学公式等。

（15）**认真书写的习惯**。见字如见人，字品如人品。书写的好坏直接影响人们对书写者学习态度、性格人品、个人素质的评估，为此，大学生一是要花时间和精力练好写字的基本功，二是要养成认真书写的好习惯，不仅多赢"印象分"，而且自己看着也舒服。

（16）**总结反思的习惯**。一方面，要对学习的得失经常进行总结反思，梳理出应该坚持的好做法好经验，查找出存在的问题及不足并加以改进，以提高自己的学习能力和效果；另一方面，要对学习的知识及时进行总结反思，理清知识的脉络和结构，发现学习中的薄弱之处及知识盲点并进行补充学习，使所学的知识变得更加完善化、系统化。

（17）**做好课前预习、上课专心听讲、做好课堂笔记、有问题及时问、课后及时复习、认真完成作业、用好错题笔记、善于劳逸结合**。这些既是学习的好习惯，又是学习的好方法，将在之后的内容里讲述。

五、要刻苦努力学习

大学生要以立志成才的远大目标，饱满昂扬的精神状态，只争朝夕的拼搏精神，刻苦努力的学习劲头，全身心地投入学习，其中主要应该按照如下"九个围绕"来勤奋学习。

1. 围绕教学安排学习

高校教学是有计划安排和要求的，大学生要认真围绕学校的教学计划安排和要求进行学习，这是大学生在校的主要学习任务，也是完成学业如期毕业的前提。具体来说，主要应该做到如下"四好"：

（1）**要上好课**。上课是大学生重中之重的事，一是要做好课前预习，掌握听课的主动权；二是不得逃课，也不要迟到、早退，并要争取坐个听课的好位置；三是上课要集中精力专心听讲，对老师强调的要点、难点和独到见解，要认真做好笔记，千万不能因为不喜欢老师的讲课风格就走神休息；四是要善于跟老师进行一定的课堂互动，做到老师提问时积极站起来回答，没有听明白或需深入了解的东西选好包括课堂中、下课时在内的时机向老师请教，另外，对课堂上的交流讨论也要珍惜机会积极发言。

（2）**要交好作业**。大学虽然不像中学那样有很多的作业，但老师还是会布置一些作业，因为通过做作业一是可以消化和巩固理论知识，提升专业素养；二是作业体现的是课程的主要内容或重点、难点内容，做好有助于在期末考试中取得更好的成绩；三是能够提升理论运用能力，培养创新精神。另外，许多大学老师会将完成作业情况作为平时成绩的重要组成部分，与课程成绩直接挂钩。为此，大学生对老师布置的作业要认真对待，不能马马虎虎应付了事，更不能抄袭他人的或拖着不做，而要独立思考，用心高质量地完成，按时上交；当然，如果确实不会做，就应该虚心向老师或同学请教。

（3）**要迎接好考试**。大学的考试是非常重要的，只有各科都及格才能毕业，并且考试成绩是推免读研、评三好学生、获得奖学金等的主要依据，为此，大学生对考试要高度重视，最起码不能挂科，因为一旦挂科，评优评先不能参与，入党机会就会丧失，推免读研没有资格。为迎接好考试，除平时用功学习外，一方面，要做好考前复习。要踏踏实实地系统复习，不可投机取巧，既要认真着重复习老师画的重点内容，也要下功夫复习非"重点"的内容，只有全面地掌握了课程内容，才能考得高分。另一方面，要沉着认真考试。一是要仔细看题，冷静思考，认真答题；二是不能采取抄袭他人答案等手段舞弊，舞弊不仅要判"0"分，而且会留下不诚信记录；三是尽量不要提前交卷，如做完考题还有时间，就可以多检查斟酌答案，努力获得更高的考分。

（4）要完成好毕业论文。 毕业论文是检验综合学习成果的核心，是完成学业的必要条件之一，如果毕业论文没有通过，就无法拿到毕业证、学位证，没有毕业证、学位证，研究生考上了也录取不了，考公务员或事业编录用了也入不了职，因此，对毕业论文千万不能马虎应付，而要努力通过，并且要尽量得高分，为推免读研、获得优秀毕业生等奠定基础。

①如何选择指导老师。选择好指导老师是毕业论文顺利通过的重要一步。选择指导老师可综合考虑如下四个方面的因素：一是选择自己熟悉、打过交道或对自己了解的老师，毕竟关系好一些的老师更方便沟通交流；二是选择年轻有为的老师，毕竟他们工作热情高、干劲足、精力充沛，更没有代沟，能给你更好的指导；三是选择之前指导的毕业论文得分优秀或责任心强的老师，毕竟他们有指导经验、认真负责；四是选择经常在校的老师，毕竟更方便与老师面对面的请教沟通。

②如何写出高质量的毕业论文。一是要选择合适题目。题目要具备研究性、创新性和实践性，确保有足够的资料和文献可以进行研究，同时，要考虑到自己的兴趣和专业方向。二是要制订合理计划。确定每个阶段的时间安排，包括文献查阅、实证研究、数据收集和分析、写作等，合理的时间规划可以帮助你高效地完成论文，确保各个环节的顺利进行。三是要做好

文献研究。查阅相关文献，了解研究背景和现状，找到研究的切入点，确保自己的研究具有创新性。四是要选用合适的研究方法。根据研究题目和目的，合理选择和使用研究方法。五是要收集分析数据。仔细收集和记录所需数据，使用恰当的方法对数据进行分析，得出客观、可靠的结论。六是要认真撰写论文。要以严谨的学术态度和刻苦的研究精神，按照论文的一般结构和学校的要求认真撰写论文，做到格式规范、条理清楚、表达清晰、逻辑性强、内容衔接，千万不得抄袭、剽窃他人成果。在撰写论文过程中，要多向指导老师汇报沟通，及时请求指导老师指导，虚心听取指导老师的意见、建议；初稿完成后，要按照指导老师的意见、建议，对论文进行反复推敲斟酌，再三修改完善，最后定稿上交。

③如何做好论文答辩。一是要提前准备。提前熟悉答辩的流程和规则，准备好答辩所需的材料和设备，包括认真准备PPT，做到内容清爽，图文并茂，并且在正式答辩前可以进行试汇报及请老师和同学当评委试答辩。二是要注意礼仪和保持自信。做到着装得体，提前15分钟到场，熟悉答辩环境，开始时向评委老师问好，结束时向评委老师道谢，自始至终要注意礼貌和保持自信，克服怯场心理，消除紧张情绪，以免影响现场的发挥。三是要做好论文汇报。做到紧扣主题，把握语速及音量，掌握时间，抓住重点，简明扼要，层次分明。四是

要沉着答辩。要认真听取评委的提问，理解所提问题的核心和意图，以谦虚的态度积极回答问题。在回答问题时，要思路清晰，表达准确，避免回答偏离问题或含糊不清，并且要注意尊重评委的意见和建议，答辩要认真地答，但不能过度地"辩"，特别是不可强词夺理、进行狡辩。五是继续修改完善论文。答辩过后，要消化评委老师的意见，再次向指导老师请教沟通，继续对论文进行修改完善，使内容更充实，结构更合理，逻辑性更强，质量得到提高。

2.围绕提升学历学习

知识就是力量，学历就是资本。为此，"专升本""考研"（包括硕士研究生再考博士研究生）成为很多大学生的选择，通过继续深造来适应社会对人才的更高要求。如何"考研"将在后面的"精心谋划力争读研，拥有高起点才能成就大发展"话题中进行讲述。如何"专升本"可以参照如何"考研"进行努力，一是要尽早了解"专升本"的政策及相关情况；二是要尽早下定决心进行"专升本"；三是要精心谋划，制订切合实际的"专升本"具体计划，规划管理好时间，安排好学习任务；四是要咬住"专升本"目标不放松，勤奋努力、讲究方法地进行学习；五是"专升本"考试时要放松心情，沉着应对，努力考出好成绩，实现"专升本"目标。

3. 围绕拓宽知识面学习

书到用时方恨少。当今是一个知识爆炸的时代，为了更好地适应激烈竞争的社会，必须了解学习掌握更多的知识。为此，大学生要围绕拓宽知识面积极进行学习。一是要有计划地多学习一些常用实用的知识，比如无论你学的什么专业，都可以学习一些经济学、法律、写作、管理学和心理学等方面的知识；二是要多阅读多浏览书籍、报纸、杂志、网站等，特别是如果有时间要多看一些文学、哲学、经济学等方面的名著，从中学到知识，拓宽视野，增长见识，领悟人生，开阔胸怀，提升综合素质；三是要多参与社会活动，向群众学习，向实践学习，丰富自己的知识和阅历。

4. 围绕兴趣爱好学习

良好的兴趣爱好是人一生的财富，大学生要围绕自己的兴趣爱好积极进行学习，以增添生命的活力。如何围绕兴趣爱好学习将作为一个话题在后面的"努力培养兴趣爱好，增添生命活力生活乐趣"中进行讲述。

5. 围绕主攻领域学习

在大学学习中，如果对某方面特别感兴趣，想深入进行学习研究，则可以把这方面作为自己学习的主攻领域。如历史系的学生如果对宋史有浓厚的兴趣，则可以花精力把宋史作为主攻领域进行学习钻研。

6. 围绕考取证书学习

大学生考各类证书有利于培养专业能力、丰富自己学识、增加就业机会、提升自我价值，为此，大学生在校期间要努力考取一些证书。大学生在校期间可以考的证书是很多的，如英语四六级证、计算机等级证、普通话证、各类从业资格证、各类专业技术职称资格证等，为此，大学生首先要了解可以考哪些证书和各种证书的作用、报考条件及时间要求，比如有些证书要到大四才能考，然后根据自己的职业目标和实际情况，做出自己的考证计划，选择含金量高、适合自己、对未来就业有帮助的进行报考，并且报考了就要有计划地刻苦学习迎考，尽力把证书拿到手，其中英语四六级证、所学专业的从业资格证是要努力考得的。

7. 围绕参加竞赛学习

参加一些竞赛能提高学生相应的能力和综合素质，而很多面试官和研究生导师、招聘单位是会看重这些竞赛成绩的，因此，大学生要积极参加一些竞赛包括学术竞赛，特别是要努力冲刺一些高级别的赛事奖项，为推免读研或考研、就业奠定良好的基础。为此，当报名了参加某项竞赛，大学生就要围绕这项赛事加强学习、刻苦训练，努力拼搏，并请求相关老师给予指导，力争获得好的竞赛成绩。当然，一个人的时间和精力是有限的，为了不耽误学业，也不要过多地参加各种各样的竞赛。

8. 围绕就业创业学习

大学生为了毕业后更好地走向社会就业创业，在校期间特别是快要毕业时要围绕就业创业方面进行学习。一是要了解就业创业形势，树立正确的就业创业观念；二是要学习领会就业创业方面的政策，以便充分利用；三是要积极参加社会实践，如实习，为就业创业积累经验；四是要学习就业创业的策略、方法、技巧等方面的知识和技能，如学习面试方略。

9. 围绕幸福生活学习

幸福生活是每个人的正当追求，而要过上真正幸福生活是需要知识和技能支撑的，为此，大学生在校期间也要多学习生活方面的知识和技能，为幸福生活打好基础。

六、要讲究学习方法

学习方法是通过学习实践总结出来的快速掌握知识的方法，是决定学习效果的关键。方法不对，吃苦受累；方法用对，事半功倍。如果学习方法不好，学习就会让人觉得枯燥乏味，越来越辛苦，学习效果也会大打折扣，让人难以保持学习的兴趣和激情；好的学习方法能够帮助我们更好地理解记忆和掌握知识，提高学习效率，同时也能够让学习变得更加轻松愉快。由此可见学习方法之重要。为此，大学生要积极学习借鉴和探索学习方法，用行之有效的学习方法来进行学习，提高获取知识的能力和效率。

古今中外的学习者总结了很多好的学习方法，下面选择一些作简单介绍，可供大学生学习借鉴使用。其实，学习方法没有统一规定，只要适合自己学习的就是好方法，并且大学生在学习中也可以摸索出自己的学习好方法。

1. 在校常规的学习方法

（1）**做好课前预习，更好听课**。预习是学习中非常重要的环节，也是掌握听课主动权的学习方法。通过预习，可以课前了解授课的内容，发现不理解的问题并把其记下来，这样就可以带着问题有针对性地去听课，就会听得更认真，而且可以把自己对授课内容的理解与老师的讲解进行比较，纠正自己的某些片面认识，加深对授课内容的理解和记忆，从而提高学习的效果。

（2）**上课专心听讲，讲究效果。**课堂教学是老师传授知识、解答疑难的主要渠道。上课时只有专心听讲，积极思考，把老师所讲的内容学懂弄通，消化吸收，变成自己的东西，才算利用好了课堂时间，真正达到了上课的效果。

（3）**做好课堂笔记，强化学习。**上课时要养成一边听课一边记笔记的好习惯。课堂上记笔记不要求面面俱到把老师讲的内容全部记下来，而要突出重点把老师强调的要点、难点、独到见解以及课本上没有的东西认真记录好，并且要及时整理强化学习。

（4）**有问题及时问，不留盲点。**上课时或课后遇到不懂的问题要及时提问，向老师、向同学请教都可以，要有"打破砂锅问到底"的学习精神，不留学习上的盲点。

（5）**课后及时复习，反复记忆。**人对知识记忆的时间长度是有限的，记忆是会随着时间的推移而减退的，因此，课后及时复习是巩固所学知识必不可少的一环。大学生要通过课后对所学知识特别是重点、难点知识进行及时复习、反复复习，并且在复习中注意总结归纳，使所学知识更加条理化、系统化，以达到牢固掌握所学知识的目的。

（6）**认真完成作业，检验效果**。做作业既是为了进一步巩固消化所学的知识，检验学习的效果，又是为了发现学习的薄弱环节，以便加以弥补。为此，对老师布置的作业，要正确对待，认真完成，如有必要，自己还应主动多做些作业，以发挥好多加练习的作用。

（7）**用好错题笔记，巩固知识**。做题中经常会犯同样的错误，如何避免呢？最好的办法就是把错题记下来，并经常拿出来看看，反复记忆，加深印象，以确保不在同一个知识点上犯同样的错误。其实，错题笔记就是一本浓缩的做题宝典，它能够有效地教你正确做题。

（8）**善于劳逸结合，合理休息**。学习虽然要勤奋，但不能打疲劳战，劳逸结合、合理休息既是保证自己身体健康的重要条件，也是提高学习效率的基本前提。为此，要善于处理好学习与休息的关系，做到该学习的时候认真学习，该休息的时间放松休息，让学习时精力充沛、充满活力。

2. 行之有效的 10 种学习方法

（1）**目标学习法**。目标学习法就是先明确学习的目标，然后向着这个目标努力以求达到目标的学习方法。明确学习目标是目标学习法的先决条件，因为有了目标，就能增强学习的针对性、计划性和主动性，增添学习的信心、动力和干劲，提高学习的效率。

（2）**问题学习法**。问题学习法就是带着问题去学习。当我们脑海里有问题的时候，自然而然会产生学习的欲望，这样做目的明确，注意力容易集中，既可以学习到新知识，也可以解决问题，是一种一举两得的学习方法。

（3）**矛盾学习法**。矛盾学习法是一种基于矛盾思维的学习方法。矛盾思维是指在两种截然相反的思维模式之间寻求平衡的思维方式。这种思维方式强调"一分为二"的哲学原则，即任何事物都是相对而言的，每个事物都包含着对立的两个方面。因此，矛盾学习法就是利用这种思维模式，在学习过程中将不同的目的或概念之间的矛盾联系起来，以帮助我们更好地理解和掌握它们。

（4）**联系学习法**。联系学习法就是坚信知识之间存在着普遍的联系，并把这种联系的观点运用到学习当中，从而自觉有目的地去回忆、检索大脑中的信息，寻找出它们之间的内在联系的学习方法。当然，原来对知识掌握的广度与深度直接影响建立知识之间联系的数量多少，但我们可以通过辩证思维，通过翻书、查阅，甚至是新的学习，去构建新的知识联系，并使之贮存在我们的大脑之中，使知识网日益扩大。

（5）**归纳学习法**。归纳学习法就是通过归纳思维，形成对知识的特点、中心、性质的识记、理解与运用。当然，作为一种学习方法来说，归纳学习法崇尚归纳思维，但它不等同于归纳思维本身，同时它还要以分析为前提。可见，归纳学习法指的是要善于归纳事物的特点、性质，把握句子、段落的精神实质，同时，以归纳为基础，搜索相同、相近、相反的知识，把它们放在一起进行识记与理解。其优点就在于能起到更快地理解、记忆的作用。

（6）**缩记学习法**。缩记学习法就是要尽可能地压缩记忆的信息量，同时又能基本上记住应记的内容。记忆以要点为基本单位，也可理解为以中心思想为单位；记住了要点并不是要放弃其他内容，而是以对其他内容的理解为前提，即理解性记忆。

（7）**思考学习法**。思考学习法就是在学习的基础上进行认真深入思考，把学习与思考结合起来。"学而不思则罔，思而不学则殆。"如果只是读书记诵一些知识，而不通过思考加以消化，这只能是抽象的理解，抓不住事物要领，分不清是非。

（8）**合作学习法**。合作学习法就是为了完成共同的学习任务而以合作方式互助学习。同水平差不多的人一起学习，就有了一个学习伙伴，便于互相学习；同水平高于你的人一起学习，他就是你的老师，你自然可以学得许多东西；同水平低于你的人一起学习，你虽是他的老师，人各有所长，你同样可以学得东西。合作学习有利于增进人与人之间的相互了解、尊重与信任，学会处理人际关系的技能、技巧与策略，学会有效地表达自我。

（9）**循序渐进学习法**。循序渐进学习法就是按照一定的步骤或程序由浅入深逐渐推进提高的学习方法。学习并不是只要多花时间，多做练习，就一定能够学好；而是要从最基本的学起，分清主次先后，由易到难，一步一个脚印地学习，才能取得事半功倍的好效果。

（10）**持续发展学习法**。持续发展学习法就是用持续发展的观点来对待学习问题，做到学习上不偏科、重基础、强后劲，努力实现全面协调发展。当然，全面协调发展并不等于平均发展，而是要根据自己的学习需要及兴趣爱好、特长等突出重点不断完善自己的知识结构，并向纵深发展，培养自己学习的能力，增加自己的知识储备，使自己持续发展。

3. 世界著名的 7 种学习方法

（1）**费曼学习法**。费曼学习法是一种学习和记忆知识的方法，其核心思想是通过用自己的语言解释和表达复杂概念来检验自己对知识的理解程度。这种方法由诺贝尔物理学奖获得者理查德·费曼提出，能够帮助你提高知识的吸收效率，真正理解并学会运用知识。

费曼学习法可以简化为四个单词：Concept（概念）、Teach

（教给别人）、Review（回顾）、Simplify（简化）。具体做法为：

①选择要学习的知识。

②假设你是老师，把这个知识点讲给学生听。

③在卡壳的地方停下来，重新学习，直到可以顺利讲解。

④用简单通俗的语言表述，简化、吸收知识。

（2）**西蒙学习法**。西蒙学习法又称锥形学习法，是美国诺贝尔经济学奖获得者赫伯特·西蒙教授提出的一个理念：对于一个有一定基础的人来说，只要真正肯下功夫，在6个月内就可以掌握任何一门学问。

西蒙学习法的核心是：持续（连续性的时间投入）、专注（精神集中）、目标单一（以某项学习为目标）。原理是：连续地长时间学习，以及学习内容的应用，这样就省去了大量的复习时间。具体做法为：

①确定学习目标，比如考什么证。

②将目标拆分成无数个小点，可以小到一分钟就能学完，比如英语单词。

③持续六个月，逐个击破这些小点。

④坚持下去，直到达到学习目标。

（3）**番茄学习法**。番茄学习法是番茄工作法在学习上的应用。番茄工作法是意大利人弗朗西斯科·西里洛于1992年提出的，是一个简单而又容易施行的微观时间管理方法，应用于学习也是非常有用的。

番茄工作法是一种专门用于提高效率和减少分心的工作方法。它的原理是：将工作（或学习）时间分成若干个25分钟的工作时间段，每个时间段被称为一个"番茄时间"。在每个番茄时间内，专注于完成一项具体的任务，直到时间结束为止。完成一个番茄时间后，休息5分钟，然后继续下一个番茄时间，以此类推。每完成四个番茄时间后，休息15—30分钟，以便放松身心，缓解压力。

（4）SQ3R阅读法。SQ3R阅读法是由美国教育心理学家弗朗西斯·罗宾逊提出的一种阅读方法，SQ3R是英语Survey、Question、Read、Recite、Review5个词的第一个字母，分别代表"浏览、提问、阅读、复述、复习"5个学习阶段，所以又称五步阅读法。这种阅读法可以有效帮助学生更好地理解和记忆所读内容，提高阅读的效率。

SQ3R阅读法的具体做法为：

①浏览：当拿到一本书后，首先应概要地读一读该书的书名、前言、提要、目录，以便对该书有个大概的了解。

②提问：这一阶段，要读书中各章节的标题以及章节承上启下的内容，一边粗读一边提问，这样可以激发学习兴趣，促进自己去钻研。

③阅读：从头到尾细读，对重要、难懂部分反复读；在

阅读过程中，要做到眼到、口到、心到、手到，也就是边读、边思考、边圈点、边画杠杠，要尽可能将自己原有的知识和新知识结合起来，写眉批写心得，做读书笔记，以保存"知识印象"。

④复述：完成阅读后，脱离书本和笔记，立即用自己的语言回忆和复述书中的内容，在脑海中形成可视化信息。

⑤复习：一般在复述后一两天内进行，隔一段时间再重复一次，可以巩固已有的知识，又能温故而知新，从中获得新的体会。

（5）**思维导图法**。思维导图又称思维地图、心智导图、心智地图、脑图、脑力激荡图、灵感触发图、概念地图，由英国心理学、教育学家东尼·博赞提出，是表达发散性思维的有效图形思维工具，它简单却又很有效，是一种将思维形象化的方法和实用性的思维工具。

思维导图运用图文并重的技巧，把各级主题的关系用相互隶属与相关的层级图表现出来，把主题关键词与图像、颜色等建立记忆链接。思维导图充分运用左右脑的机能，利用记忆、阅读、思维的规律，协助人们在科学与艺术、逻辑与想象之间平衡发展，从而开启人类大脑的无限潜能。

制作思维导图的步骤如下：

①确定主题：确定你要在思维导图中探讨的问题或主题、

概念。

②选择制作工具：有现成的制作工具可供选用。

③延伸分支：将相关子问题或子主题、子概念添加为较小的节点，将这些节点与中央节点连接，将它们组织成层次结构来使思维导图更加清晰。

④设置主题颜色：使用颜色、形状和其他符号来区分不同类型的节点，这可以帮助你更好地组织思维导图，并使其更具可读性。

⑤设置注释标签：添加注释或标签以帮助解释节点之间的联系或概念，这可以为你提供更多的细节信息，并帮助你更好地理解思维导图上的不同概念之间的关系。

八大思维图示法是思维导图的另一个分支，是美国教育学博士大卫·海勒开发的一种帮助学习的语言工具，确切地说，是用来进行构建知识、发散思维、提高学习能力的一种可视化工具。这种方法有且只有 8 种图形，包括：圆圈图，用于联想；树形图，用于分类；气泡图，用于描述；双气泡图，用于对比；流程图，用于顺序；复流程图，用于因果；括号图，用于拆分；桥形图，用于类比。

（6）**跨界学习法**。跨界学习法就是跨越不同领域进行学习的方法，具体包括四种方法：跨界融合、方法迁移、对比学习、思维网。

①跨界融合：跨界融合简单来说可以分为四步：一是确定目标，二是寻找跨界交叉点，三是整合创意，四是实施创新。

②方法迁移：方法迁移的核心是将在一个领域内获得成功的方法迁移到另一个领域。

③对比学习：对比学习就是用对比两种事物的异同来进行学习，相同部分可以进行归纳，从而产生通用方法或者理论。

④思维网：思维网就是由广义动量定理和系统思考这两个工具组成的方法论。运用思维网可以将各个知识点串联在一起，形成一个巨大的知识网，使各种门类的知识相互联结、影响、渗透。

（7）**康奈尔笔记法**。康奈尔笔记法又称 5R 笔记法，由美国康奈尔大学的沃尔特·鲍克博士提出的，旨在帮助学生有效地做笔记。它把一页纸分成三部分：左边约四分之一的部分是"线索栏"，用来归纳右边的内容，列出与课堂内容观点对应的问题；下方约五分之一的部分是"总结栏"，就是用一两句话总结这页记录的内容；右上最大的部分是"笔记栏"区域，就是平时做笔记的地方，注意记录内容要简练。这种方法能够促进思考，提高学习效率。

康奈尔笔记法步骤：

①记录：在听讲或阅读过程中，在笔记栏内尽量多记有意义的论据、概念等讲课内容。

②简化：下课以后，尽可能及早将这些论据、概念等内容简明扼要地概括写在线索栏。

③背诵：把笔记栏遮住，只用线索栏中的摘记提示，尽量完整地叙述课堂上讲过的内容。

④思考：思考是这一方法最精髓的一步，将自己的听课随感、意见、经验体会之类的内容，写在总结栏。

⑤复习：每周花十分钟左右时间，快速复习笔记，主要是先看线索栏，适当看笔记栏，再看总结栏。

§6 提前做好职业规划，人生将会如虎添翼

上大学几年很快就会过去的，无论读的专科、本科还是研究生，毕业后都要进入职场，提前思考并做好职业规划，有助于你未来的职业发展和创造人生辉煌、实现人生价值。

一、为什么要提前做好职业规划

1. 有利于增强紧迫感

步入大学，如果不做职业规划，仅上上课应付考试，就会觉得在大学里很轻松，有的是时间玩游戏、刷手机等，而一旦做了职业规划，就会感觉毕业后就业形势非常严峻，要找到好的工作，要么继续深造读研究生或专升本提升学历为将来更好就业打好基础，要么扎实学好专业知识和技能并加强实践锻炼

以提升自己的工作能力，这样紧迫感就会自然随之而来，从而把全部心思放在学习和锻炼自己上。

2. 有利于明确努力方向

没有方向的人生会暗淡无光，方向正确的人生将如虎添翼。当你提前做好了职业规划，你在大学里就有了明确的努力方向和奋斗目标，比如你的职业目标是大学教师，那么你就会努力去争取推免或通过考试读硕、读博，因为没有高学历是当不了大学教师的，适合你的正确职业规划可以避免你走弯路，并会使你未来的人生道路更加平坦。

3. 有利于朝着目标努力

做好职业规划后，就要围绕如何实现职业规划尽早行动起来，认真思考谋划，制订实施职业规划行动方案，细化目标任务，珍惜时间，脚踏实地，勤奋不懈，一步一个脚印地去落实，即使在实施过程中遇到什么困难或阻力，也要开动脑筋想办法，千方百计寻对策，迎难而上开新局，全力以赴朝着规划的职业目标努力。

二、怎样做好职业规划

1. 总的原则

（1）**要符合自己的理想目标**。前面讲了大学生要有远大理想和目标，职业理想目标是人生理想目标在职业选择上的具体体现，在职业规划过程中起着指导作用。大学生的职业理想目标既要志存高远，又要切合实际，还要正确处理好个人追求与国家、社会需要的关系，在制订职业规划时，选择什么样的职业要符合自己的人生理想目标，这样职业理想目标与人生理想目标才不会脱节。

（2）**要树立正确的择业观念**。择业是每个人的"必答题"，大学生在制订职业规划时，要把正确的世界观、人生观、价值观体现在择业观上，了解职业市场，认清就业形势，把个人志向与国家、社会需要有机地结合起来，以提升自己的能力为基础，拓宽职业选择的范围，不能盲目追求优质岗位、热门行业和高薪职业，而要积极探索、慎重选择，把握好职业目标。

（3）**要切合自己的实际情况**。最好的职业是切合自己实际的职业，包括符合自己的理想目标、价值取向、能力特长、学识智商、兴趣爱好、性格气质、自身优势等，只有从事自己喜欢且擅长并有优势的职业，工作才会更有激情、动力和干劲，才会觉得轻松愉快并充满乐趣，才能更容易把工作做得出色从而让人生出彩，这正是成功职业规划的核心所在。

2. 可选职业及入职时机

全面建设社会主义现代化国家需要全国人民团结一心，共同奋斗，三百六十行，行行要人才，为作为时代骄子的大学生毕业后提供了施展才华的广阔舞台。大学生可以选择的职业有很多，如做公务员，有国考、省考、选调生，分中央国家行政机关（本级）和省、市、县级及乡镇岗位；去军队或军事单位工作；到事业单位工作，如考事业编去学校当教师等；到国有（中央或地方）、民营、外资、混合所有制企业就业，包括到中介服务机构工作；从事过渡性岗位工作，如"三支一扶"、大学生村官；自己独立或与他人合伙办企业、开店。从就业地域来说，既可以在国内工作，也可以去国外工作。从入职时机来说，可以本科或专科一毕业就参加工作；也可以读了研究生后再参加工作；还可以本科或专科毕业先参军然后再就业。

3. 具体如何规划

（1）**了解职场认清形势**。做职业规划前，要通过网上查看、咨询请教、参加招聘会等多种途径、方式了解职业市场情况，包括就业政策、所关注职业的需求状况、发展趋势、所需能力、工作环境、薪酬待遇、发展空间、入职难易等，然后对照自己的情况，理性地分析和判断就业形势，调整好心态，为科学确定职业目标奠定基础。

（2）**客观全面评估自己**。要对自己的能力特长、学识智商、兴趣爱好、性格气质、自身优势及不足等进行客观全面评估，当然，自己有时看不清楚自己，还有必要请父母、老师、同学等帮助点评自己。只有弄清楚了自己是一个怎么样的人和自己想干什么、能干什么等这些问题，并结合职业市场需求和社会需要，才能扬长避短地定位好自己的职业目标，避免职业规划的盲目性。

（3）**虚心多方咨询请教**。大学生由于接触社会不多，信息来源渠道不广，了解职业市场不容易做到全面深入，加之自身社会阅历和经验不足，难以分析准确把握职场的复杂情况，为此，在做职业规划时，要虚心向父母、老师、有职场经验的亲戚、学长、咨询机构等咨询请教，特别是要多向父母和班主任老师或导师请教，多跟他们沟通商量，多听取他们的意见建议。

（4）**参加职业规划课程和活动**。为了学生做好职业规划，学校会安排职业规划课程和举办职业规划活动，大学生要珍惜这些难得的机会，积极去上这类课程和参加这类活动，还可在课堂上和活动中咨询请教一些自己关注或疑惑的问题，以了解学习职业规划的基本知识和技能，提高职业规划的能力。

（5）**参加社会实践**。参加社会实践活动是了解职业市场、感悟职业生涯的重要途径，为此，大学生要积极参加文化科技卫生"三下乡"、志愿服务、实习等社会实践活动，在社会实践活动中开阔眼界，增长见识，积累经验，提升能力，提高对职场及职业的认知和理解，促进更好地做好职业规划。

（6）**处理好专业与职业的关系**。处理好所学专业与职业的关系是职业规划中的要事、难事，涉及人生的发展方向，一定要慎重。选择的职业要尽量跟自己所学的专业相符或相近，特别是一些专业性非常强的专业，如医学专业，这样才能更好地发挥所学专业的优势。当然，所学专业只是今后工作的一个方向，并不一定以后的职业就要和这个专业有关，很多成功人士从事的职业都不是当初在大学里学习的专业。

（7）**制订职业规划方案**。各项前置工作做好后，就要着手制订职业规划方案，包括职业目标定位、职业发展路径、职业技能提升计划等。在制订过程中，要统筹考虑，精心谋划，放大格局，慎重决策，既不能好高骛远，又不要低估自己，以求制订出一个切合自身实际、社会需要和职业目标的职业规划方案，作为自己在大学期间以及大学毕业后入职前的行动指南。

三、怎样实施职业规划

1. 制订实施职业规划行动方案

为切实落实职业规划，要制订实施职业规划的行动方案，一是要细化目标任务，增强规划的可操作性；二是要做到长计划短安排，增强时不我待、只争朝夕的紧迫感；三是要突出重点，抓住关键，有针对性地做好重点事项的计划安排；四是要拿出切合实际、切实可行的具体落实措施，以便有效地实施职业规划。

2. 围绕职业规划目标奋力拼搏

要把职业规划及相应的实施行动方案描绘的蓝图变成美好的现实，就要咬住目标，开动脑筋，讲究方法，奋力拼搏，不达目的不罢休。如果你决定读研后再就业，那么就要全力以赴争取推免读研或考研，具体做法将在后面以"精心谋划力争读研，拥有高起点才能成就大发展"话题进行讲述。如果你决定毕业后直接找工作，那么就要在扎实学好专业知识、技能的基础上，多参加一些包括实习在内的社会实践活动，多有针对性地加强一些相关知识的学习，多深入了解社会，特别是想考公务员或事业单位的，还要有计划地参加相应的培训，以便构建合理的知识结构，提高综合素质、文化素养、求职及实际工作能力，更好地适应社会需要和达到职业目标。

3. 努力获得一些荣誉能力证书

一方面，要努力获得一些荣誉证书，如优秀学生会干部、优秀班干部、三好学生、优秀奖学金、优秀毕业生等。如何获得这类证书呢？必须做到勤奋好学、品学兼优、乐于奉献。另一方面，要努力获得一些能力证书，如英语四六级证、计算机等级证、参加竞赛获奖证等，如何获得这类证书呢？在前面"始终牢记学生身份，专心致志投入学习"话题中的"围绕考取证书学习""围绕参加竞赛学习"已讲述，这里就不重述。有了一些荣誉、能力证书，就能证明你在大学期间的表现及在某方面的能力，面试官和研究生导师、招聘单位对你会更加青睐。

4. 把握各种变化及时调整规划

制订职业规划及相应实施行动方案并实施后，仍要不断关注职业市场的变化，不断评估自己的综合实力，不断梳理实施进展及效果，如果实际情况与原来制定的职业规划有明显出入，那就要迅速拿出相应对策，及时对职业规划进行调整和完善，使之既很有奔头、又切合实际，直到实现自己的职业目标。

§7 精心谋划力争读研,拥有高起点才能成就大发展

随着社会的发展进步,对知识和能力的要求越来越高,为此,大学生应该攻读研究生,以提升自己的学历和水平,更好地适应竞争激烈的社会,为今后的顺利发展打好坚实基础。

一、提高认识早下决心

1. 大学生读研意义重大

大学生读研的重大意义主要体现在以下六个方面:

(1) **有助于实现远大理想**。大学生读研是为自己远大理想而奋斗的最有效的实际行动,因为读研究生不仅提升了学历,而且精神境界、追求目标、综合能力、专业水平都得到了大幅度的提高,为实现自己的理想抱负奠定了扎实基础,更能发挥

聪明才智报效祖国、奉献社会、服务人民，成就自己辉煌的人生。

（2）**有助于提高专业水平**。读研究生是具有提高性、研究性和创新性的学习，在学习方式、学习理念和学习内容上与本科学习都有较大的区别。通过研究生阶段系统而扎实的专业学习，与导师更为贴近的直接交流，以及参与的课题研究，大学生将具备比本科时更宽厚的知识体系和学识能力，从而具备从事本专业相关工作更扎实的专业知识和相关能力。

（3）**有助于提升学历**。硕士研究生毕业后，就比本科生的学历高了一个层次；博士研究生毕业后，又比硕士研究生的学历更高了一个层次。研究生特别是博士研究生是一块很有价值的"金字招牌"，其社会地位将得到很大的提高。

（4）**有助于进入喜欢的领域**。不少大学生由于高考填报志愿考虑不成熟，或听从父母等长辈的意见，或因为服从调剂等原因，对自己所学的专业不喜欢，而在本科阶段又改变不了所学专业，那么读研可以给自己一个重新选择专业的机会，因为读研既可以读所学专业，又可以读所学相近专业，还可以跨专业报考，让你有机会重新进入自己喜欢的专业学习。

（5）**有助于找到理想工作**。随着研究生越来越多，现在很多优质的工作岗位和一些大中型企业在招聘的时候，研究生学历是基本条件之一，特别是很多地方和单位对研究生有很好的人才引进政策。具有研究生学历以后，在找工作方面具有很大的优势，有更多的职业选择，有助于找到就业层次更高、薪资待遇等更优、工作环境更好、施展才华平台更大的工作。

（6）**有助于职业发展。**一方面，一个人在职场上工作，支撑其工作业绩和发展进步的，是他的能力水平，而通过攻读研究生不但可以提升学历，而且可以大幅度提高综合能力和专业水平，这显然对自己的职业发展非常有利；另一方面，研究生与本科生相比，职级、职称、职务的晋升一般起点更高、速度更快，也更会被领导看重，会有更好的职业发展前景。

2. 不负韶华早下决心读研

前面讲了读研的重大意义，毋庸置疑，读研确实有许多实实在在的好处。为此，大学生要胸怀大志，目光长远，头脑清醒，不负青春，不负韶华，顺应当今时代之需，立足自身发展之要，只争朝夕，果断决策，尽早下定决心读研，最好是一进入大学就立下读研之志，因为决心下得早备考时间就多，准备就充分，读研成功率就高。有志者，事竟成。立下读研大志就为成功攻读研究生迈出了至关重要的一步。

二、研究生基本的常识

研究生是国民教育的一种学历，一般由拥有硕士点、博士点的普通高等学校开展。

在中国，研究生分为硕士研究生和博士研究生。按照学位类型的不同，分为学术型研究生和专业型研究生两种。学术型研究生一般是指拥有学术型学位的人员，按学科设立，以学术研究为导向，偏重理论和研究，培养大学教师和科研机构的研究人员为主。专业型研究生，与学术型学位研究生处于同一层次，是培养具有扎实理论基础，并适应特定行业或职业实际工作需要的应用型高层次专门人才。

普通高等教育统招研究生包含全日制研究生、非全日制研究生，通过全国硕士研究生和博士研究生统一招生考试或推免、申请考核制来进行招生；从2017年起，在全日制研究生教育基础上设立非全日制研究生，非全日制研究生与全日制研究生一同参加12月底的全国硕士研究生统一招生考试（全国统考），划定相同录取分数线，实行相同培养毕业标准，毕业时同样获得普通高等教育学历证书及学位证书双证，两者仅学习形式不同，两者学历证及学位证具有同等法律地位和相同效力。

研究生考试分为初试和复试，初试是笔试；复试有的只需面试，有的既要面试，还要笔试。初试入了闱，才有机会参加复试。

统招研究生（包含全日制及非全日制两种学习形式）分为硕士研究生和博士研究生。

应届本科生可以通过推荐免试或报考录取攻读硕士研究生。

博士研究生可以通过直博、硕博连读、申请考核制、全国统一招生考试的途径取得攻读资格。

三、刻苦用功奋争保研

保研就是推荐优秀应届本科毕业生免试攻读硕士学位研究生，即推免读研或推免读硕，这部分本科生被称为推免生或保研生。当然，保研并不容易，一是要在有保研资格的大学读本科；二是要自己学业成绩非常好，表现优秀。

1. 保研比考研的优势

（1）**保研不需参加全国研究生统一招生考试**。考硕士研究生的录取率不高，考取难度大，而保研成功后就可以免试直接攻读硕士研究生。

（2）**保研可以重新选择专业**。保研成功后，通过一定的方式和努力，可以选择与本专业相近甚至是一些交叉学科的专业；而跨专业考研的考取难度是相当大的。

（3）**保研后在选导师方面具有优势**。保研成功了，说明你的学业成绩非常优秀，这就很容易选择到优秀的导师来对你进行培养。

（4）**提前进入研究生科研**。一般而言，保研成功后，很多导师会给大四的准研究生布置一些任务，让其围绕一些课题展开研究，从而提前进入研究生生涯。

（5）**保研后有直博的机会**。保研成功后，就有资格申请直博。通过申请攻读和学校选拔可以获得直接攻读博士学位的资格。

2. 如何实现保研愿望

保研的具体规则由各校根据上级规定要求制定，因此学校不同，保研规则有差异，为此，要想保研，就必须了解所读学校的保研政策，并有针对性地进行拼搏。总体来说，要从以下4个方面勤奋努力：

（1）**学业成绩务必保持优秀**。想要保研，首先必须努力保持在学业上的优秀，因为推免就是要选学业优秀的学生，所以学业成绩在计分上的占比也是很高的，在60%—70%，并且看的是连续三个学年成绩的综合或者平均值，为此，大学生从大一起就要一直刻苦学习使学业成绩保持优秀。

（2）**素质成绩要想办法提升**。多数学校会从学生参加竞赛、发表科研论文等方面进行量化，以综合的得分来评判学生的素质得分或者科研竞赛得分。由于全国重要的赛事所带来的素质分特别高，所以在大学期间有时间、有能力就要参加一些这类赛事，不仅可以提升自己素质层面的得分，而且可以为今后的科研打下基础；如果参加不了全国重要的赛事，就多参加一些其他比赛，也能获得一些得分，以形成自己的综合优势。

（3）**社会实践活动要参加一些**。在保研操作中，很多学校会设定参加社会实践活动也占一定比例的分值，为此，大学生要积极参加一些社会实践活动，以便在活动中了解社会，增长见识，培养家国情怀，增强社会责任感。

（4）**积极上进诚实为人**。有些学校在进行推免生遴选时，会进行民主测评打分，以增强对学生品行、能力的全面考察，虽然这部分得分占比不大，但也多多少少会影响综合得分。为此，大学生在学校不仅要刻苦学习，还要积极上进，多为院校和班级奉献，尊敬老师，团结同学，在方方面面都表现优秀。

这里需要说明的是，保研一般在本校读研究生的多，而考研既可以考本校的、也可以考外校的，虽然可以一边参加统一招生考试，一边争取保研，但一般"脚踏不了两只船"，因为你要等别的学校录取，本校的推免就会截止，而你只能选择放弃保研；你选择了保研把你录取好了，你考得再好，别的学校也不能再录取你了。另外，如果在刻苦用功奋争保研，若没有很大成功的把握，也可以同时按照考研来积极进行备考，这样即使最终没有争取到保研，也不会耽误参加考研。

四、精心谋划努力考研

这部分讲的是大学生如何精心谋划努力考硕士研究生。

1. 了解考研的相关情况

了解考研的相关情况是贯穿考研始终的，开始要对考研的相关情况进行比较全面的初步了解，然后在考研过程中根据需要对有关情况进行深入了解掌握。

（1）**了解考研的有关政策**。考研涉及许多政策，如招生类别，报考条件，考试方式，考试科目，学术型与专业型研究生、全日制与非全日制研究生的招生人数，初试分数占比，调剂办法等，并且有关政策是会不断调整变化的，其中考试科目一般为四科，分别是政治、英语（外语）、数学（或一门专业课代替）、专业课，具体要以报考院校公布的为准。为此，大学生入学后或在开始想考研时就应对考研的有关政策作初步了解，到大三、大四要做考研相关决策时应作深入的了解，以便进行正确的决策。

（2）**了解考研的基本流程。**考研是一个漫长的征程，从准备考研到报名再到初试、复试，通常至少需要一年多的时间。其基本流程如下：

①大一（通常最迟为大三上学期）至大三寒假：决定是否考研；关注相关的最新及前一两年的考试大纲、招生简章等情况，基本确定考什么专业、考学术型还是考专业型研究生、考哪所学校、考全日制还是非全日制研究生；刻苦学习备考。

②大三下学期至暑假：有针对性地关注当年的考试大纲、招生简章；抓紧复习，参加考研辅导班学习。

③大四上学期9—10月：有针对性地看当年的招生简章、考试大纲，并与前一两年的进行比较，分析变化情况，最终决定考什么专业、考学术型还是考专业型研究生、考哪所学校、考全日制还是非全日制研究生，最终决定的与之前基本确定的能保持一致就更好，特别是报考的专业，确实因情况变化需要调整也可以调整；更有针对性地加紧复习；网上预报名和网上报名。

④大四上学期11月：冲刺复习，报名确认。

⑤大四上学期12月：冲刺复习，打印准考证，考试。

⑥大四下学期2月：考试成绩公布。

⑦大四下学期3月：复试分数线公布。

⑧大四下学期4月：复试；如需要调剂，则迅速积极争取调剂。

⑨大四下学期5月：调档，政审。

⑩大四下学期6月：本科毕业，获得研究生录取通知书。

以上基本流程仅供参考，其中初试、复试时间以当年公布的为准。

（3）**了解专业和学校情况**。报考研究生选择专业和学校非常重要，因此，大学生准备考研究生就要对研究生招生的专业和学校情况进行了解，开始时只要作初步了解，并逐步作更进一步的了解，到快要决定考什么专业和哪所学校时，就要进行全面深入了解、认真比较分析，以便准确把握，做出正确的决策。

2. 早日行动循序渐进

立下了考研大志，就要立马行动，一步一个脚印地朝着考研目标迈进，千万不能等着到大三、大四才开始准备。

（1）**积极寻求指导帮助**。决定考研后，积极寻求人脉资源，用心找到有考研经验或自己选定专业领域的老师、学长、亲戚等给予指导帮助，甚至可以参加考研报考辅导班，请他们提供备考和相关决策的建议，推荐相关学习资料，帮助你更好地进行备考。

（2）**要有笨鸟先飞意识**。笨鸟先飞比喻能力差的人唯恐落后而提前行动，多用于自谦。立志考研的大学生，要有笨鸟先飞意识，一是如果你的学习成绩在中游甚至偏后，就必须比别人提前努力准备，才能如愿以偿，而即使你的成绩好，也不能掉以轻心；二是如果你的成绩好甚至冒尖，而你的目标是名校，面对激烈的竞争，也只有提前扎实准备，才能稳操胜券。

（3）**分清缓急区别对待**。考研的考试科目一般是确定的，大学里的课程安排也是有一定顺序的，为此，考研者特别是较早准备者要围绕考研刻苦学习，并分清哪些科目是可以提前准备的，如大一要扎实学好英语和数学，大二要争取考过英语四六级，想出国留学的还要扎实学好想去国家的语言并尽早通过相关考试；哪些科目是可以跟学校课程安排同步扎实学习并不断复习巩固的，如专业课；哪些科目是可以晚些突击的，如政治可以晚些备考，因为一般政治每年的考试大纲变动都较大。只有分清缓急区别对待，才能更有针对性、更有效地进行备考。

（4）**循序渐进步步紧逼**。有了考研的志向，又开始了考研的行动，就要以时不我待的紧迫感，踏石留印、抓铁有痕的劲头，壮士断腕、背水一战的决心，脚踏实地，按照科学的顺序或步骤扎实进行备考，毫不放松，一步一步地向前推进，直至拼搏到考研的最后一刻。

3. 正确把握做好决策

（1）**客观认识自己**。考研是人生的一项重大战略行动，关系到一个人的前途命运。知己知彼,百战不殆。为此,在考研中客观认识自己非常重要。一是要客观认识自己的理想目标及职业规划;二是要客观认识自己考研的实力、潜能和优势,其中通过模拟考试是客观评估自己实力的有效方法;三是要客观认识自己所学的专业及对专业的兴趣。只有客观认识了自己,所做的考研决定才能切合自己的实际,才能正确。

(2)慎重做好决策。

①选择考研的专业。选择专业是考研的首要问题,也影响到报考学校的选择。报考专业一般要尽早选定,这样才好有针对性地进行备考。选择专业要根据自己的志向、兴趣、就业前景、考取的难易程度等进行综合考虑,选择自己所学的专业是有优势的,比较容易考取;根据自己的意愿,选择与所学相近的专业也是可以的,这样虽然比选所学专业考取的难度更大,但毕竟专业课有交叉重叠的情况;如果不是对自己所学的专业失去兴趣,或觉得前景不好,最好不要随意跨专业报考,毕竟跨专业考取的难度大多了。

②选择考研的种类。考研有学术型与专业型研究生、全日制与非全日制研究生之分。其中学术型与专业型研究生的主要区别为:一是培养目标不同,学术型研究生主要培养科研创新人才,专业型研究生是培养社会需要的技能型人才;二是考取难度不同,学术型研究生考取难度更大,专业型研究生考取难

度相对更小；三是调剂机会不同，学术型研究生调剂机会更多，专业型研究生调剂机会更少；四是收取学费不同，学术型研究生收费更低，专业型研究生收费更高，并且学校越好，收费差距越大；五是读博机会不同，学术型硕士研究生读博的机会更大，专业型硕士研究生读博的机会少得多；另外，全日制研究生比非全日制研究生的考取难度更大，但社会认可度更高。为此，大学生要综合考虑自己的深造愿望、职业规划、考研实力、选定专业的自己有意向报考学校的各类研究生的招生人数及考取的难易程度、家庭条件、就读时间安排等因素慎重进行选择。

③选择考研的学校。考研与高考不同，考研是针对某所学校来报考的，即使会有调剂，但调剂成功的可能性也小，为此，选择报考学校无疑是最关键的问题，它直接关系到考研的成败。选择高了，可能你的成绩很好也录取不了，选择低了，又浪费了你的好成绩，难就难在选中跟自己成绩合适的学校。如何选择学校呢？一是要根据自己的实力。选定学校的时间可以晚些，放在报名前，在选定前要了解自己想报考学校选定专业当年的招生简章、招生人数以及近两年的招生人数和录取分数情况，并进行两三次模拟考试以评估自己能达到的分数水平，这样就能够比较有把握地进行选择。二是要根据自己的现状。如你就读的是名校，你的选择目标就可以更高点，因为能上名校说明你基础好、善学习，并且即使没有考取，你也是

名校大学生；如果你读的是二本，特别是学校实力弱点的二本，你的选择目标就可以更低点，更要求稳，因为只要读了研究生，你的学历身份就大变了。三是可以参考所读学校专业以往学生的考研情况。看看前几年学业成绩好、中、差的学生考取了哪些学校，然后看看自己的学业成绩在班级的排名情况，以此作为选择报考学校的参考。四是要综合考虑地域。是否争取去国外留学要根据自己的实际情况综合考虑；如在国内深造，学校所在的地方也应该作为选择考虑因素，如报考地理位置更偏或经济欠发达地区的大学更容易考取。五是要有正确的观念。选择的理想学校应该是在个人能力与抱负的交叉点上，以能考取并适合自己为好。名校固然好，但不是那么容易考取的，如果你确实优秀有实力，还是要向名校冲击；某些普通院校在某些学科方面也是独树一帜的，如某学校的优势专业是自己选定的专业，这所学校也是可以重点考虑的。当然，报考学校总体来说还是可以略为选高点，这样备考才会更有动力和干劲，读研也才会更有激情。

4. 讲究方法奋力备考

（1）制订详细计划。考研是一个艰辛而长期的过程，为了有条不紊高效率地进行备考，就必须制订一个详细、具体、切合实际的备考计划，规划管理好时间，安排好备考任务，当然，这个备考计划在实施过程中也是要不断调整完善使之符合实际情况的。如何制订备考计划呢？一是要划分好考研前期复习、中期复习和后期复习三个阶段。一般来说前期复习时间最长，中期复习时间更短，后期复习时间最短；对备考准备早的，前期复习的时间就更长；对备考准备晚的，前期复习时间就没有太多，甚至把前期和中期复习并为一个阶段。二是要明确各个复习阶段学习的目标任务。三是要把目标任务进行分解细化，安排到具体时间上，列出时间和任务表，让每月、每周、每天都有具体的任务和要求。四是要有保证计划落实及达到目标要求的具体措施。

（2）**保持良好心态**。心态是考研的一个重要因素。大学生对考研要保持坚定的信念、高昂的斗志和良好的心态，加强身体锻炼，注重身心健康和心理平衡，并要在考研过程中注意自己心态的变化，特别是遇到困难或压力时，及时调整好心态，把消极的心态扼杀在摇篮中，以愉快的心情和旺盛的精力全身心投入备考。

（3）**全力以赴备考**。考研就是第二次高考，难度比高考还大，并且考研过程没有老师监管，全靠自觉，为此，需要有决心、毅力和吃苦拼搏精神。一旦决定了考研，就要以良好的学习和生活习惯，按照自己的备考计划，扎扎实实地进行备考，以求成功考取。在备考过程中，要注意如下事项：

①要选备好复习资料。选备好复习资料对考研来说非常重要，可以起到事半功倍的效果。为此，大学生对考研复习资料的选择要慎重，建议根据考试大纲和参考书目，选择权威的教材和备考资料以及一些历年真题和模拟题来进行学习、复习和练习，对报考学校命题的专业课要使用报考学校的指定教材、参考书和复习资料及历年真题；如果备考时间比较早，当年的权威资料还没有，可以先购买前一年的权威资料学习和复习，一旦当年的有了，马上换成当年的。

②要灵活安排课程。根据考研的需要，合理安排选修课程和实践活动，尽量选择与考研相关的课程和实践活动，这样有助于对专业知识的深入学习和理解。

③要紧扣考试大纲。考研复习的内容就是各科的考试大纲，要按照考试大纲系统地学习和复习考研所需的知识点，并将重点放在基础知识的掌握和理解上，注重自己弱项的提高。

④要注重模拟考试及训练。模拟考试及训练是备考的重要环节之一，通过模拟考试及训练可以熟悉考试形式和考试规则，提高答题速度和准确率；也可以评估自己的备考进展和水平；还可以找到自己的薄弱环节，有针对性地进行复习和提高。模拟考试及训练有真题和模拟题之分。真题往往代表着出题老师的出题思路，把真题研究透彻了，也就明白了出题老师的套路，还能在真题中找到历年考试的重点难点，更好地帮助

自己查缺补漏，攻克不会的知识点，在检验考研复习效果时，也要以历年真题为检测标准，因此要多练真题；如果有时间，可以进行几套模拟题的考试及训练，检测的分数一般没有做真题反映得客观，只能作为参考。

⑤要多背些时事政治。政治是硕士研究生考试必考内容，时事政治也占分不少，在临近考试时，要多背一些时事政治新闻，对政治增分会有帮助。

（4）**选好辅导班**。备考除了自身努力外，还要善于"借力"参加考研辅导班。参加考研辅导班的好处很多：一是有专业老师的指导和帮助，有些弱项很容易得到强化，较难的知识点也会得到很好的消化，复习效率会大幅提高；二是可以加深对知识点的理解，获得好的解题思路和技巧；三是更能抓住考试的重点、难点、答题要点，熟悉大纲的新增点、删除点等，让复习少走弯路；四是会给你带来很多有用的信息，比如考研辅导班的政治学习资料还是非常有用的；五是可以结交考研的朋友，在共享资料、共同探讨、相互鼓励中提升各自的考研实力。为此，考研者特别是基础比较差的考生应该去参加考研辅导班学习，这对自己成绩的提高是非常有帮助的。报名参加考研辅导班的时候要尽量找口碑信誉好的培训机构，并且辅导班种类多，有的收费也高，一定要根据自身的实际情况，选择性地参加，让辅导班融入自己的复习计划之中，而不要让辅导班牵着自己的鼻子走。当然，如果你觉得自己确实非常出色，也就没有必要花冤枉钱和时间报名参加考研辅导班了。

（5）**加强跟考研同学的联系**。考研期间，你可以跟几个志同道合的考研同学加强联系，尤其是与自己报考一所学校或者一个专业的，一个寝室的就更好，不仅可以进行知识层面和一些考研信息的交流，而且可以相互鼓劲、共同进步，对彼此都有好处。另外，每年考研期到来时，会有各种考研群建立，你可以选择加入自己选定院校的考研群，在这群里，可以获得选定院校考研第一手信息和一些考研复习资料，还有一群志同道合的人在群里互相加油打气，这对考研是有帮助的；当然，群里对自己无益的信息也不要去理睬，以免耽误时间。

5. 沉着应战考好初试

（1）**放松心情**。临近考试，不要想着这里还没复习好、那里还没复习好，不要害怕考不好，不要有心理压力，而要保持冷静和清醒的头脑，增强自信心，把调整好心态、放松心情放在首位，保证以最好的心情去参加考试，避免因心理紧张而影响考试正常答题。

（2）**注意休息及饮食**。考试前一两天及考试期间，一定要休息好，特别是不能熬夜，避免身心疲惫；同时，要注意饮食，加强营养，千万不能吃会引起腹泻等不良反应的食物，保证以最佳的精神和身体状态去参加考试，以免因考试时没有精气神而发挥失常。

（3）**讲究考试技巧**。一是要带齐准考证、身份证等考试所要求的证件和考试所需的用品，从容提前进入考场，匆匆忙忙赶去容易造成心理紧张；二是考试时要沉着冷静、从容应对，不要遇到难题就惊慌，因为考研不要求考满分，只要确保自己会做的不丢分就无悔了，避免一惊慌就会做的题目也做不出来了，当然，如果遇到不会做的题，也要尽量答上一些内容，以获得点得分的希望；三是要掌握一些考试的具体技巧，例如答题顺序、时间分配、审题方法等。

6. 乘胜追击奋战复试

考研复试有的只需面试，有的既要面试，还要笔试，是决定大学生是否能够成功考取研究生的重要一环。复试的笔试跟初试类似，只是考试的范围和侧重点不同，有针对性地去复习就是，这里不重述。这部分就讲讲备战面试。

（1）**备考不停**。考研初试入围后要进行复试，一般进入复试与录取人数的比例是1.2比1，在复试特别是面试中被刷下来的比例还是比较高的。为此，大学生考完初试后，备考千万不能停歇，而要马不停蹄地准备面试。一是要制订面试详细、具体、切合实际的备考计划，明确目标任务和时间安排。二是要了解面试形式和流程，一般而言，考研面试分为个人陈述、专业基础知识和综合素质面试三部分，为此，要抓紧围绕这些内容进行备考，如要准备一份简短但有亮点的自我介绍，并突出自己的特长和志向，有科研、参加专业竞赛经历也应简要写入，这份自我介绍还要做到能用英语流利说出；加强专业基础知识复习巩固；多阅读所报专业的书籍和论文，特别是报考学校有可能当评委的老师所编著的书籍和发表的论文，增加专业知识和见识，提高面试的答题水平；多学习和练习口头表达和交流能力，掌握有效的沟通技巧。三是要认真学习研究生面试的基本礼仪和开场细节、互动艺术、把握时间等技巧及注意事项。四是要积极了解报考学校所报专业历年面试的情况，并收集相关的资料。五是要了解研究生面试培训机构的情况，并有意向性地选好准备参加的面试辅导班，如果有能进入复试的把握，也可以先报名参加面试辅导班学习。

（2）**立马冲刺**。一旦得知进入了复试，就要立马冲刺面试。一是如果还没有报名参加面试辅导班学习，要迅速报名参加，这是面试成功过关非常有效的途径，除非你面试经验很丰富，才可以不要走这一步。二是要对此前学习的研究生面试的基本礼仪、技巧及注意事项等进行复习巩固。三是要根据时间情况，对专业基础知识进一步进行复习巩固。四是要根据报考学校及所报专业历年面试的情况，分析预测可能会提问的问题,并认真梳理答案。五是要找同学或老师、亲人帮助,进行模拟面试,以此来检验自己的面试技能和知识水平,并对发现的不足进行改进。

(3) **沉着面试**。一是要带齐报考学校参加面试所要求的证件资料。二是穿着要干净整洁,不要过于正式或者过于随便,要给面试考官留下沉稳的印象。三是要跟初试一样,面试前一两天要放松心情、注意休息和饮食,保证以最好的心情和身体、精神状态去参加面试。四是要沉着冷静、认真思考,讲究层次和逻辑,灵活应变地进行答题。

7.迅速积极争取调剂

如果没有达到报考学校所报专业的复试分数线,但超过了国家分数线,就可以迅速积极争取调剂。

(1) **一般来说,调剂流程包括以下几个步骤:**

①获取调剂信息。获得调剂信息是调剂成功的关键。主要可以在中国研究生招生信息网、意向院校的研究生院及二级学院网站等进行网上查询,向考研培训机构、信息比较灵通的老师、辅导员等咨询。

②提交调剂申请。向自己符合条件并想去的院校提交调剂申请,并提供相关材料。

③等待院校审核。申请调剂院校进行审核后,如接受调剂

将会通知考生参加复试。

④参加复试。收到参加复试通知后，认真准备参加复试，复试过关则会被录取。

（2）**要通过多种渠道，迅速获得调剂信息，以免错过调剂机会。**获得调剂信息后，要采取打电话、发邮件等方式积极进行联系，并慎重考虑，做出合理决策。在提交调剂申请时，既要如实填报个人信息和成绩，又要尽量展现自己的特长和亮点，以便申请调剂院校做出对自己有利的决定。

五、胸怀大志争取读博

博士研究生不是这么容易读得到的，不仅要智商高和能力强，还要有钻研精神和内心坚定。但是作为新时代的优秀大学生，应该胸怀大志，积极争取读博。

1. 读博的途径

（1）**直博。**直博就是本科生直接读博士学位，是博士招生方式之一，是指在应届本科毕业后，跳过硕士研究生阶段，直接以博士研究生身份攻读博士学位。一般是本科生通过学校选拔获得推免读研后，再进行申请，攻读学校直接对申请学生进行选拔而获得直接攻读博士学位的资格。通常来讲拥有直博生选拔的学校实力都非常强,基本集中在985工程院校和极少数211工程院校的优势强劲学科,当然这对学生的选拔要求也是非常高的。

(2)**硕博连读**。硕博连读是指招生单位从本单位已完成规定课程学习,成绩优秀,且具有较强创新精神和科研能力的在学硕士生中择优遴选博士生的招生方式。拟进行硕博连读的学生需根据招生单位的规定提出申请,并通过招生单位组织的博士生入学考试或考核,被录取后才能进入博士阶段的学习。

(3)**申请考核制**。申请考核制是由院校或学科根据导师意见自主考核招收博士生的一种形式,是指由考生个人提出申请,提交相关材料,通过初审、综合考核,按照择优录取原则进行录取的招考方式。参加申请考核制选拔的考生不再参加学校组织的博士入学初试考试。

(4)**全国统一招生考试**。博士研究生全国统一招生考试就和硕士研究生全国统一招生考试一样,需要考生先参加初试,入围后参加复试。参加全国统一招生考试考博竞争压力很大,因为通过这种方式招收的博士越来越少了,现在绝大多数学校实行申请考核制了。

2. 如何实现读博愿望

(1)**奋力争取直博**。如果你在有推免读研资格的大学就读，就要刻苦用功使自己成为一名非常优秀的大学生，并努力争取获得推免读研资格，然后申请并争取直接读博。

（2）努力争取考到重点大学的硕士研究生。 如果你想读博，那么就要力争考取有硕博连读、申请考核制大学特别是名校的硕士研究生，因为这样就有机会走硕博连读、申请考核制读博的机会，即使没有走成硕博连读、申请考核制读博的路，就是参加全国统一招生考试考取的机会也会更大，可以说读有硕博连读、申请考核制大学特别是名校的硕士研究生比读其他高校的硕士研究生读博机会大得多。

（3）竭力争取通过全国统一招生考试考取博士研究生。 如果你没有通过直博、硕博连读、申请考核制方式读到博，而又有读博的宏伟理想，那就只有走全国统一招生考试这条路了，在这条路上你要吃常人难以想象的苦，付出常人难以做到的努力，并且要力争发表一些高质量论文和取得一些其他科研成果，才有可能实现读博的理想。

§8 增强政治敏锐性，积极加入中国共产党

大学生在校期间的进步不仅体现在学业上的收获，还体现在各方面的成熟。积极追求政治上的进步是大学生在政治上走向成熟的表现，其中最重要的就是要增强政治敏锐性，积极加入中国共产党。

一、为什么要积极加入中国共产党

习近平总书记在党的二十大报告中深刻指出："广大青年要坚定不移听党话、跟党走，怀抱梦想又脚踏实地，敢想敢为又善作善成，立志做有理想、敢担当、能吃苦、肯奋斗的新时代好青年，让青春在全面建设社会主义现代化国家的火热实践中绽放绚丽之花。"当代大学生生逢其时，释放潜力、展现才华的舞台空前广阔，只有加入党组织，才能更好地为党为国家

为人民奉献更多的力量、做出更大的贡献。

1. 入党能够追求更高的思想境界

大学生申请入党，就必须不断加强党性修养，时刻按照党员的标准严格要求自己，切实提高自己的政治站位，旗帜鲜明地讲政治，坚定共产主义理想信念，树立正确的世界观、人生观、价值观，把为中国人民谋幸福、为中华民族谋复兴而勤奋学习、积极奉献的思想根植于内心，升华思想境界。同时，党内有纪律的高要求，入党必须严格遵纪守法，特别是严格遵守政治纪律和政治规矩，胸怀坦荡，光明磊落，敢于开展批评和自我批评，经常反省自己的言行，防止拜金主义、享乐主义和个人主义的侵蚀，彰显共产党人本色。

2. 入党能够促进更好地提升自己

想入党的在校大学生是多的，但真正能在大学入党的为数不多，因此，在校大学生入党的竞争是很激烈的。申请入党，就会更有上进心，就会以先进学生为榜样，就会努力在各方面表现优秀，特别是一方面会更加勤奋学习，因为学习成绩优异才更有入党的机会，如果有功课不及格是很难入党的，从而学业会更加有成；另一方面会更加服从学校、班级的安排，积极参加学校、班级组织的各种活动，也更有意愿到学生会任职和任班干部，并且在入党期间，需要参加党课，进行入党培训，完成一些任务，可以丰富自己的经历和生活，得到各方面的更好锻炼，提升自己的综合能力。

二、怎样积极加入中国共产党

1. 思想上要端正动机真心实意想入党

入党动机，就是为什么要入党，这是每一名共产党员在入党前和入党后都要深深思考的问题，因为共产党员不仅要在组织上入党，更要在思想上入党。端正入党动机是争取入党的首要问题，是思想上入党的根本所在。只有树立了正确的入党动机，才能有经久不衰的精神动力，不断加强政治理论学习，坚定不移地为实现中华民族的伟大复兴而努力奋斗；才能在学习、工作、生活等各个方面，时时严格要求自己，处处起到模范作用；才能努力摆正党和人民的利益同个人利益的关系，树立为人民无私奉献的思想；才能正确对待争取入党的过程中遇到的一些具体问题。作为想加入中国共产党的在校大学生，要有对中国共产党的深厚感情，详细了解党的历史与现实，从心底里认同党的纲领与章程，忠于共产主义信仰，把最终实现共产主义作为自己的最高理想和终生奋斗目标，全心全意为人民服务，并随时准备为党和人民的利益牺牲一切。

2. 行动上要为争取早日入党积极努力

大学生申请入党，要结合自身实际，突出勤奋学习、立志成才的重点，以实际行动争取早日实现愿望，具体来说主要应该做好以下几点：

（1）**即使尚在争取入党过程中，也要以党员标准严格要求自己。**切实履行好《中国共产党章程》（2022年10月22日，中国共产党第二十次全国代表大会通过的《中国共产党章程（修正案）》）中规定的党员下列义务：

①认真学习马克思列宁主义、毛泽东思想、邓小平理论、"三个代表"重要思想、科学发展观、习近平新时代中国特色社会主义思想，学习党的路线、方针、政策和决议，学习党的基本知识和党的历史，学习科学、文化、法律和业务知识，努力提高为人民服务的本领。

②增强"四个意识"、坚定"四个自信"、做到"两个维护"，贯彻执行党的基本路线和各项方针、政策，带头参加改革开放和社会主义现代化建设，带动群众为经济发展和社会进步艰苦奋斗，在生产、工作、学习和社会生活中起先锋模范作用。

③坚持党和人民的利益高于一切，个人利益服从党和人民的利益，吃苦在前，享受在后，克己奉公，多做贡献。

④自觉遵守党的纪律,首先是党的政治纪律和政治规矩,模范遵守国家的法律法规,严格保守党和国家的秘密,执行党的决定,服从组织分配,积极完成党的任务。

⑤维护党的团结和统一,对党忠诚老实,言行一致,坚决反对一切派别组织和小集团活动,反对阳奉阴违的两面派行为和一切阴谋诡计。

⑥切实开展批评和自我批评,勇于揭露和纠正违反党的原则的言行和工作中的缺点、错误,坚决同消极腐败现象作斗争。

⑦密切联系群众,向群众宣传党的主张,遇事同群众商量,及时向党反映群众的意见和要求,维护群众的正当利益。

⑧发扬社会主义新风尚,带头实践社会主义核心价值观和社会主义荣辱观,提倡共产主义道德,弘扬中华民族传统美德,为了保护国家和人民的利益,在一切困难和危险的时刻挺身而出,英勇斗争,不怕牺牲。

(2)**呈交入党申请书后,要积极参加党组织安排的活动。**用心完成党组织分配的任务,认真撰写、按时提交思想汇报。

(3)**要认真学习争取成绩优秀。**申请入党的同学是比较多的,而入党的名额是有限的,在众多的申请人中优先发展谁呢?学习成绩是考虑的一个主要方面,如果你的学习成绩不优秀,甚至挂科,那就会丧失入党的机会。

（4）**积极争当学生干部。**当了学生会干部或班干部，要为全校或全院、全班同学服务，要无私奉献很多，更能得到党组织和老师、辅导员及同学的认可，从而在争取入党时更有优势。

（5）**不能出现违法乱纪、打架斗殴等问题，不能出现考试作弊等诚信问题。**

§9 养成好的人生习惯，获得打开成功大门的金钥匙

习惯是指长时间养成的不易改变的行为、倾向、生活方式、社会风尚等。美国作家奥格·曼狄诺曾说："好习惯是开启成功的钥匙，坏习惯则是一扇向失败敞开的门。"由此可见，好习惯对于一个人来说多么重要。在校大学生正处在成长的关键时期，必须坚持已有的好习惯，改掉存在的坏习惯，努力养成好的人生习惯，以便让好习惯伴随自己一生，成就美好人生。

一、为什么要养成好的人生习惯

1. 养成好的人生习惯是提升自身品位的需要

品位是指人的品质、趣味、情操和修养，是一个人价值

观、审美观和人生观的综合体现。一个有品位的人，身上是有很多好习惯的。为此，要想提升自身品位，就必须努力养成好的人生习惯，让好习惯体现在自己的一言一行、一举一动中，让好习惯彰显自身良好形象和人格魅力。

2. 养成好的人生习惯是更加高效学习的需要

学习既是在校大学生的根本任务，也是每个人终身都必须做的事情。如何才能提高学习效率、取得更好学习效果呢？养成好的人生习惯特别是好的学习习惯是关键之一，因为好习惯能够使人端正学习态度、激发学习热情、找好学习方法、增添学习干劲。

3. 养成好的人生习惯是创造成功人生的需要

人们常说："一个坏习惯可以毁掉一个人，一个好习惯可以成就一个人。"确实，好习惯是打开成功之门的金钥匙，也是走上成功大道的铺路石，一个人只有养成了好的人生习惯，才能更好地实现自己的理想目标，才能创造成功的人生。

4. 养成好的人生习惯是更好立身处世的需要

人生活在社会上不容易，要想既能让自己活得轻松愉快，又能赢得别人的尊重，养成好的人生习惯是关键之一，因为有了好的人生习惯，立身处世才有了良好的思想和行动基础，才能左右逢源、得心应手。

5. 养成好的人生习惯是过上幸福生活的需要

培根曾说："习惯是一种顽强而巨大的力量，它可以主宰人生。"养成好的人生习惯确实很重要，有利于身体健康、工作顺利、事业成功、家庭和睦、人缘良好、心情舒畅，而这些正是过上幸福生活所需要的。

二、要养成哪些好的习惯

一个人需要养成的好习惯有很多，下面所讲重点要养成的 50 个好习惯，都是大学学子需要在大学期间进行培养坚持的，并且大学毕业后仍要始终坚持或继续培养。

1. 自信自强的习惯

自信自强就是自己相信自己，自己对自己有信心；自己能够自觉努力向上，自我勉励，奋发图强。这是每个人都应该具备的好习惯，也是一个人迈着铿锵有力的步伐走在人生大道上并战胜前进中的各种艰难险阻赢得美好人生的关键。

2. 勤奋努力的习惯

没有一个人的成功是轻而易举得来的，在通往成功的道路上，除了勤奋努力，没有任何捷径可走，勤能补拙，勤能治懒，勤能出彩，在每个成功者的身上，都可以看到勤奋努力的好习惯。

3. 热爱学习的习惯

活到老，学到老。一个人离开了学习，就会失去前进的动力和生命的活力，就会被时代所淘汰，学习是人生永恒的主题，对在校大学生来说，学习是其根本任务。关于学习的好习惯，在前面的"始终牢记学生身份，专心致志投入学习"话题中以"要有学习好习惯"进行了讲述，这里就不再重述。

4. 爱岗敬业的习惯

爱岗就是热爱自己的工作岗位，热爱本职工作；敬业就是要用一种恭敬严肃的态度对待自己的工作；爱岗敬业就是要干一行，爱一行，钻一行，精一行，勤勤恳恳，任劳任怨，忠于职守。这个习惯主要是为毕业就业后养好的，当然，担任了学生会干部、班干部或学校其他岗位的学生，在校也要爱岗敬业。

5. 惜时守时的习惯

每个人的时间都是有限的、宝贵的。鲁迅说:"浪费别人的时间,等于谋财害命;浪费自己的时间,等于慢性自杀。"为此,我们要懂得珍惜时间,学会真正做时间的主人,把有限的时间充分用到有意义的事情中去。同时,要养成遵守时间的习惯,约定了时间最好提前几分钟到,最起码也不得迟到;有时间要求办完的事情要按时办妥,不得拖延。

6. 热爱劳动的习惯

劳动包括体力劳动和脑力劳动,是人一生中的主要活动。只有劳动,才能创造财富;只有劳动者,才享有获得的权利。要树立劳动光荣、不劳而获可耻的观念,从点滴小事做起,积极投身到劳动中去,感受劳动的乐趣,体会劳动的价值,并且从劳动中学到一些技能、技巧,并更全面深入地认识世界、了解自己。

7. 设定目标的习惯

盲目的行动根本不会有什么好效果,只有设定了目标,才会有努力的方向,行动的动力,成功的基础。当然,设定的目标既要尽量高远,使自己有奔头,又要切合实际,通过努力能够实现。

8. 计划行事的习惯

凡事预则立，不预则废。做什么事情都要有个计划，当然，并不是说都要制订出正式的书面计划来；对大事，要制订出正式的书面计划；对一般的事情，计划安排只要在自己心中盘算好即可。只有按计划行事，事情才能有条不紊地办好，才能提高办事效率。

9. 自我加压的习惯

在学习、工作和生活中，不断跟自己提出更高的目标和更严的要求，不断给自己增加适当压力，并努力变压力为动力和活力，做到谋划更周到、举措更有力、方法更科学、干劲更充足、作风更扎实，从而促进自己不断取得更大的进步，实现人生的更好发展和幸福美满。

10. 不服输的习惯

不服输是打开成功之门的金钥匙，有了这把金钥匙，就会视失败为耻辱，就能够始终保持奋勇争先的冲天干劲，始终保持昂扬向上的精神状态，始终保持开拓进取的豪情锐气，不断激发敢想敢干的内生动力，在破解难题中出实招、见实效，在前进的征途中取得一个又一个的胜利。

11. 趁早行动的习惯

凡事要早思考，早谋划，早动手，主动作为，这样做人做事就不会被动了。有的人之所以不能成功，就是没有抓住"早"字，事到临头才想到去做，临时抱佛脚，马马虎虎，应付了事，如此怎能将事情做好呢。

12. 勤于思考的习惯

巴尔扎克说："一个能思考的人，才真是一个力量无边的人。"确实，只有勤于思考，所学的东西才能消化吸收，融会贯通；所做的事情才能做好做精，做到极致；思维才会变得敏捷，能力水平才会快速提升；人生才不会走弯路、走错路。

13. 雷厉风行的习惯

雷厉风行是成功人士的标志。作决策、办事情，要坚决果断，干净利索，说了就算，定了就干，干就干好，切忌优柔寡断、拖泥带水、磨磨蹭蹭，今天能做完的事情就决不拖到明天。

14. 敢于担当的习惯

敢于担当就是要在职责和角色需要的时候，毫不犹豫、责无旁贷地负起责任、大胆作为，做到时刻不忘肩负的神圣使命，面对学习工作敢于挑战，面对重担敢于争挑，面对大是大非敢于亮剑，面对困难敢于迎难而上，面对危险敢于挺身而出，面对失误敢于承担责任，面对歪风邪气敢于坚决斗争。

15. 善于合作的习惯

一个人的能量总是有限的，有的事情"单干"不易甚至无法办成，而合作则容易取得好效果。为此，要善于合作，做到端正心态，互相尊重，合理分工，取长补短，团结一心，互相配合，形成合力，以求共赢。

16. 豁达乐观的习惯

心胸开阔，性格开朗，精神愉快，能容人容事，对未来的前途、事物的发展充满信心和希望的人，更能积极应对人生的艰辛和挑战，更会主动想办法解决遇到的问题，更具有抗压能力和自我调节能力，更容易获得成功和幸福。

17. 坚忍不拔的习惯

坚忍不拔就是信念坚定，意志顽强，不可动摇。毋庸置疑，多一分坚持，就会多一分收获，失败往往就是离成功还差一步。无数成功的背后，都是咬住目标不动摇，锲而不舍，日复一日、年复一年的坚持。

18. 善于独处的习惯

要想优秀和成功，没有一定的时间和空间作为保证，显然是不可能的。为此，必须常常远离喧嚣，让自己静下心来，独自一人进行学习、工作和思考，有时还必须婉言拒绝那些既浪费时间又没有意义的社交和应酬。当然，善于独处并不是不要有自己的业余爱好和交朋结友及参加各种社会活动，同样要让自己的生活尽量丰富多彩不至于枯燥乏味。

19. 谦虚谨慎的习惯

人生一辈子，为人处世不容易，是一门深奥的大学问，要做一个成功并受尊重的人，必须对人虚心，做人低调，不骄傲自满，不狂妄自大，不得意忘形；办事小心慎重，不马虎大意，不掉以轻心。

20. 诚实守信的习惯

诚实守信是一种高尚的品质和情操，就是要忠诚老实，忠于事物的本来面貌，不隐瞒自己的真实思想，不掩饰自己的真实感情，不说谎，不作假，不为不可告人的目的而欺瞒别人；就是要讲信用，讲信誉，信守承诺，忠实于自己承担的义务，答应了别人的事就一定要去做。

21. 团结友善的习惯

团结友善就是在特定的群体中，为了共同的利益和目标，思想和行动要相互一致、相互统一、相互关心，齐心协力；就是在与他人相处交往中，要平等相待，相互友好，相互理解，相互帮助，共同进步。

22. 乐于助人的习惯

乐于助人是一种高尚的品德，在别人需要帮助的时候，尽自己所能，伸出援助之手，不管帮助多少，都是一份无私的奉献，也许你的举手之劳就帮助别人渡过了难关，也许你的帮助就改变了别人的命运，也许你的爱心就给别人带来了一辈子的感激。当然，如今社会比较复杂，也要正确判断别人的需求，注意保护好自己。

23. 理解包容的习惯

与他人交往、相处，不要斤斤计较、过分挑剔，而要多沟通交流，多换位思考，多理解包容他人。这样不仅可以化解矛盾，消除烦恼，愉悦心情；而且可以赢得尊重，赢得朋友，赢得成功。

24. 心平气和的习惯

人都难免遇到一些烦心的人和事，但没必要为了不值得的人去生气，也没必要为了小事动怒，要控制好自己的情绪，懂得放下和释怀，照顾好自己的心情，学会大度和冷静，始终保持平和心态。

25. 细心观察的习惯

在学习、工作和生活中，只有用心仔细地观察相关的事物或现象，才能真正看清真相、认清本质，才能不断提高自己的眼力和思维能力，才能更好地把握形势，找到解决问题及创造幸福美好人生的钥匙。

26. 善于借力的习惯

善于借力不仅是一种能力，更是一种智慧。在办事或工作中，一个人的力量是有限的，如果能将自己所有的人脉等资源、优势都用上，有效借助各方面的力量，那就容易多了，就能更快速圆满地达到目的。

27. 注重细节的习惯

细节决定成败。立大志，干大事，也要脚踏实地从点滴小事做起，注意把握细节，看似不起眼的一颗铆钉就能带来足以让一艘巨轮沉没的危险，千万不要忽视那些不起眼的细节，要养成严密细致的习惯。

28. 勤于动笔的习惯

在学习、工作和生活中，要勤于动笔，把需要做的事情记录下来，以免误事；把学习、工作和生活中的需记情况、精彩过程和体会、感悟记录下来，特别是可以坚持写日记，留下有用的记录和美好的回忆，不断完善提高自己。

29. 总结反思的习惯

一个人要经常对自己的所作所为进行总结反思，用实绩增强信心、激发干劲，并梳理出应该坚持的好做法好经验，查找出存在的问题及不足并加以改进，使目标在不断的总结反思中圆满实现，使自己在不断的总结反思中成长进步。

30. 克己自律的习惯

克己自律就是自主自觉地约束自己的行为，使自己的行为达到规范。每个人都要学会严格要求自己，克己自律，不无视法律法规，不无视管理制度；不无视公序良俗，不自私自利，不损公肥私，不损人利己，不占小便宜，不沉迷游戏，做一个凭良心、讲道德、守规矩的人。

31. 勇于改错的习惯

人不可能不犯错，犯错不可怕，可怕的是认识不到错误或不承认错误，而不改正错误，这样会使错误越犯越大。只有善于发现、敢于承认并勇于改正自己的错误，才能走对人生的道路，才能赢得他人的好评和信任。

32. 灵活应变的习惯

灵活应变在为人处世中非常重要，是随着情况变化立即采取不同应对措施的技能和本领，是走好人生路的润滑剂。凡事不能太固执，不能过于死板，不要钻牛角尖，不要一条道走到黑，而要解放思想、实事求是，审时度势，放得下面子，该转弯就转弯，该改变就改变。

33. 心怀感恩的习惯

感恩是一种品德修养，只有知恩图报，感恩党和政府，感恩父母，感恩老师，感恩所有关心帮助和善待过自己的人，才能内心不会感到愧疚，才能获得更好的人缘，才能得到更多人的关心帮助。

34. 不抱怨的习惯

富兰克林曾说:"不停地抱怨,是对我们享有的舒适生活最差的回报。"人生在世难免会遇到烦心的烂事烂人,抱怨只是一种懦弱的表现,根本解决不了问题,只会让自己徒增烦恼,甚至还会招惹麻烦;只有不抱怨,理性地对待并努力化解它,才能彰显人生智慧。

35. 淡泊名利的习惯

做人不要与人争名利、争得失。做个宁静、淡泊的人,生活才会安稳和坦然。淡泊名利,并不是不要名利,而是不争名利,随遇而安,顺其自然,有了如此心态,才能不为名所累,不为利所困,才能活出自己的人生精彩。

36. 劳逸结合的习惯

人生虽然要勤奋,但不能打疲劳战,因为过度劳累而没有休息好,不仅会没有精气神,而且对身体健康也会造成伤害。为此,要学会劳逸结合,合理安排好学习、工作与休息的时间,让身心得到充分休息和放松,从而更好地投入学习和工作中去。

37. 常跟父母联系的习惯

不在父母身边,要常跟父母打电话,上大学时,汇报学习、生活情况及报平安；参加工作后，汇报工作、生活情况及报平安，以免父母担心；特别是当父母年龄比较大了时，要多了解关心父母的生活和身体情况，并要抽时间常回家看望陪陪父母。

38. 尊重他人的习惯

与他人相处交往，要尊重他人的权利和感受，虚心听取和尊重他人的意见建议，这样自然会赢得他人对自己的尊重，使自己获得一个好人缘，增强自己的个人魅力，这对自己立身处世及发展是很有利的。

39. 关注社会的习惯

人不是孤立地生活在社会上的，只有积极关注社会，才能及时了解社会的发展变化，开阔视野，增长见识，知晓应知世事；才能更好地融入社会，陶冶情操，享受社会带来的乐趣；才能有利于适应社会，趋利避害地改善生活和发展好自己。

40. 善交朋友的习惯

只要留心观察，就不难发现，成功人士身边都有很多朋友，这些朋友能够从不同的角度为其提供不同的帮助。确实，朋友是一个人的财富和资源，没有朋友的人是孤独的，快乐没人分享，痛苦没人分担，有事没人帮忙。为此，每个人都要广交朋友，积累人脉。当然，交朋友也要慎重，要交人品好的朋友，特别是要多结交优秀的人为朋友。

41. 重视人际关系的习惯

戴尔·卡耐基说："在影响一个人成功的诸多因素中，人际关系的重要性要远远超过他的专业知识。"由此可见，每个人都要重视和妥善处理人际关系，做到以诚相待，豁达大度，善于沟通，肯动脑筋，灵活应变，以构建和谐的人际关系，赢得他人的垂青及相助。

42. 生活节俭的习惯

生活节俭是一种传统美德。生活中要理智消费，不要铺张浪费，不要乱花钱，不要乱刷信用卡；无论钱多钱少，都要节省下一部分存起来，以备急需。当然，当用不需省，该花的钱也绝对不能吝啬。

43. 学会断舍离的习惯

断舍离是由日本杂物管理咨询师山下英子提出的人生整理理念，意思是把那些不必需、不合适、过时的东西统统断绝、舍弃，并切断对它们的眷恋。只有真正领悟断舍离，学会在物品上、感情上、追求上断舍离，才能让生活变得简单清爽、轻松自在。

44. 注意安全的习惯

现在的安全风险很多，如生产安全风险、交通安全风险、消防安全风险、食品安全风险、资金安全风险、被诈骗的安全风险、在旅游景区参加高难度娱乐项目的安全风险等。安全无小事，要增强安全意识，任何时候、做任何事情都要绷紧安全这根弦，防患于未然，确保自己的人身和财产安全。

45. 保重身体的习惯

身体是革命的本钱，没有健康的身体就什么都谈不上，就会一切都是浮云。为此，要把保重身体、珍惜健康放在人生的第一位，重视养生，增强体质，定期体检，预防疾病，并且有病要及时去医治，以好的身体去赢得好的未来。

46. 科学作息的习惯

科学的作息就是要做到早睡早起，睡眠充足，不熬夜，一日三餐按时吃，并养成午休的习惯，这样才能保证以健康的身体和充沛的精力投入学习、工作和生活中去。

47. 坚持运动的习惯

坚持适量运动好处多多，不仅可以锻炼身体，增强体质，远离疾病，提升精力，活跃思维，提高记忆力和注意力；而且可以充实生活，放松心情，释放压力，保持好的精神状态。

48. 讲究卫生的习惯

讲究卫生可以有效预防疾病，提高身体健康水平，让身体得到更好的保护。为此，每个人都要做到讲究个人日常卫生，如穿着干净整洁、勤洗手、早晚刷牙等；注意饮食卫生，如不吃不干净食品等；保持家居清洁，如勤打扫、保持通风等；保护公共环境卫生，如不乱扔垃圾等。

49. 注意饮食的习惯

人们常说病从口入，确实，许多疾病和坏的习惯都是由嘴巴造成的，所以一定要管好自己的嘴，养成好的饮食习惯，科学饮食，做到多吃健康、新鲜并且有营养的食品，不挑食偏食，不吃垃圾食品，不吃过期食品，不暴饮暴食，不抽烟不酗酒，特别是要遵照医嘱禁口。

50. 举止文明的习惯

举止文明是一个人修养的具体表现，应该做到注重外表形象，不穿奇装异服；遵守公共秩序，不违反交通规则，不损坏公物，不乱丢垃圾、不大声喧哗，不随地吐痰，不在公共场所吸烟；见面打招呼，自觉使用"请""您好""谢谢""对不起""再见"等礼貌用语。

三、怎样才能养成好的人生习惯

1. 要加强自身修养

自身修养就是个人认识、情感、意志、信念、言行和习惯的修炼和涵养，是在自身心灵深处进行的自我认识、自我解剖、自我教育和自我提高所达成的境界。要养成好习惯，就必须加强自身修养，做到自觉地遵循社会道德体系的要求，更好地履行个人的社会义务，不断地在学习、实践、反思中成长进步，努力提升自己的人生境界和提高自己的综合素质，以好的自身修养促使好习惯的养成并始终坚持。

2. 要拥有积极向上的态度

拥有积极向上的人生态度对养成好习惯非常重要，它能够让你保持好的心情和精神状态，充满人生自信和奋斗激情，更好地面对各种困难和挑战，从而更加正确地认识养成好习惯的重要性和必要性，更加自觉地培养好的人生习惯和改掉身上的不良习惯，更加有毅力地始终坚持养成的好习惯，让好习惯成就好人生。

3. 要善找学好榜样

榜样的力量是无穷的。要善于发现身边人的好习惯，还可以多看一些先进人物事迹、多读一些名人传记，从中看到他们身上的好习惯，以找到学习的好榜样，并努力学习他们的好习惯。同时，要尽量多跟有好习惯的人交往、交朋友，近朱者赤，以便能够受到他们好习惯的影响和感染，更好地学到他们的好习惯，提升自己的综合素质和能力。

4. 要落实在行动上

好习惯并不是想养就能养成的，关键是要有决心和行动。万事开头难，迈出第一步是很重要的，只有开始行动了，才脱离了空想，打开并进入了好习惯的大门；当然，仅有开始是不够的，因为在行动中会遇到很多困难，会有很多因素让你难以持续坚持下去，这时候最需要的就是克服所有困难和排除各种干扰因素，做到坚持、坚持、再坚持，这样好习惯才能最终养成。

5. 要增强自控能力

自控能力是指一个人能够自我调节情绪、行动和思维，以适应不同的环境和情境，而不是被外界所控制。在养成好习惯过程中，经常会遇到一些让人很容易放弃好习惯的困难或诱惑，如果你自控能力强，那么这些困难或诱惑就会显得苍白无力或自然消失，而能把好习惯坚持下来；否则，好习惯就会坚持不下去而前功尽弃。

6. 要善借外力监督

人的自觉性和自控能力都是有限的，为了养成好习惯，有时主动让别人监督自己，会取得更好的效果。如想要早上早起跑步，但又比较难坚持，就可以给有同样爱好的几个朋友建个微信群，大家每天起床跑步在群里打卡，若谁没做到，就给大家发"红包"，这样让群友相互监督，当你想放弃的时候，不但要发"红包"，还要被群友"嘲笑"说你是一个做事没有毅力的人，如此肯定就能坚持下去。

§10　谈恋爱可以，但要保持理性善于把握

爱情，是人类永恒的话题，是令人向往的。"哪个青年男子不善钟情，哪个妙龄少女不善怀春，这是人性中的至洁至纯……"这是德国大诗人歌德在《少年维特之烦恼》中留下的著名诗句。大学生正值青春年华，有着对爱情的美好憧憬，要采取科学理性的态度，正确处理恋爱婚姻问题，让爱情之花结出幸福之果。

一、恋爱和爱情的内涵及区别

1. 恋爱的内涵

恋爱是男女双方互相爱慕的行动表现，是培养爱情的过程或在爱情基础上进行的相互交往活动。

恋爱是两个相互爱恋的异性，希望共度终生的准备阶段，是高级情感的培养过程。成功的恋爱是以相互喜欢开始，以婚姻为目标，经历由表及里的喜欢、眷恋、珍惜等心理过程，最终达到身心合一，不离不弃，步入美满的婚姻生活。

2. 爱情的内涵

爱情是男女双方基于共同的生活理想，在各自内心形成的相互倾慕，并渴望对方成为自己终身伴侣的一种强烈、纯真、专一的感情。性爱、理想和责任是构成爱情的3个基本因素。

性爱把爱情与人世间的其他情感如亲人之爱、朋友之情明显区别开来，使爱情成为特殊的"情爱"。

理想赋予爱情深刻的社会内涵，是爱情生长的内在依据。爱情是两个人感情的交融，是互爱和自爱的统一。双方人格上的相互映衬，志趣上的相互认同，就形成了对生活的共同理想，从而使爱情具有更大的鼓舞力量，能够振奋人的精神，激发人的智慧，升华人的品德。

责任是对性爱和理想的升华，因此也成为爱情得以长久的重要保障，是坚贞爱情的"试金石"。古今中外，人们所赞美的爱情无不体现着恋人间对对方"忘我"的付出。这种自愿担当的责任，既丰富了爱情的内涵，又提升了爱情的境界。

上述3个基本要素构成了爱情的有机统一整体，它们的完美结合成就了人世间美好的爱情。性爱的吸引，使得爱情打上了情爱的烙印，并把异性间的爱情与异性间的友谊从根本上区别开来。理想的契合，使得爱情表现着恋人们对生活的希望和对未来的憧憬，使热恋中的人们焕发出极大的热情来克服生活中的消极和颓废。责任则使得爱情不是自私地占有对方的感情，而是自觉自愿地为所挚爱的人付出感情，担当责任。

3. 恋爱和爱情的区别

恋爱和爱情虽然都是关于感情的事情，但它们的内涵和表现方式却存在着明显差异。恋爱是人们生命中的一段重要经历，许多人可能会有多次恋爱的经历；而爱情则注重长久和稳定，是可以伴随人们终生的宝贵财富。

二、要正确处理恋爱关系

1. 要树立正确的恋爱观

恋爱观是人们对于恋爱问题的总的看法和态度，是世界观、人生观、价值观在恋爱问题上的具体表现。正确的恋爱观会引导人走向健康、幸福和美好的生活。

大学生处于人生的特殊时期，必须树立正确的恋爱观。具体来说，大学生恋爱要以寻找志同道合、情投意合、可以白头偕老的终身伴侣为目的；恋爱对象的选择是一个复杂的过程，应当把具有一致的思想、共同的理想和追求放在恋爱标准的首要地位，注重恋爱对象的能力、性格、内在品质、个性特征和兴趣爱好，不要以貌取人，不要以经济基础、家庭背景等条件来判断人，更不要跟社会上不三不四的人谈恋爱；恋爱中应该遵循道德规范，正确处理好恋爱、学业、生活之间的关系，把理想、道德、责任、义务、事业和性爱有机地结合起来。

2. 要理智负责地谈恋爱

（1）**提高恋爱能力**。恋爱是一门学问，有着许许多多的方法和技巧，大学生必须加强学习以提高恋爱能力。总的来说，一是要有寻找爱的能力，只有善于寻找，才能找准意中人；二是要有表达爱的能力，心中有了爱，就要用正确的方式大胆表达，并要学会展现自己的优势和长处吸引对方；三是要有接受爱的能力，面对别人的示爱，要很好地把握，如满意，就要接受；四是要有升温爱的能力，两个人谈到了一起，就要努力让恋爱变成爱情，最终步入婚姻的殿堂；五是要有拒绝爱的能力，对不满意的示爱或谈了一段时间后觉得不满意，就要讲究方法拒绝，避免伤害对方。

（2）**摆正自己心态**。大学生要树立自尊、自爱、自强、自重的品格，以认真的态度正确对待恋爱，千万不要盲目地追求爱，也不宜过急地追求爱，如果有在大学期间追求爱情的想法，首先要注意拓宽视野、擦亮眼睛主动寻找意中人，如果遇到了意中人，且自己的条件也成熟，就应该大胆地追求，如果追到了，就要用心呵护，倍加珍惜；如果没有追到意中人，或相比意中人自己的条件有差距，或没有发现满意的，那也不用着急，即使在大学里未能谈恋爱，也不要怅然，毕业走向社会后多的是机会。

（3）**应以学业为重**。学习对于大学生来说，永远都是第一位的、至关重要的，恋爱的感觉固然甜蜜，但是大学生还是应该以学业为重，因为学业决定着一个人的未来，如果由于恋爱而耽误了学业是非常不应该的事情。当然，也不要认为恋爱是学业的绊脚石，恋爱与学业如果处理得好是不矛盾的，只要不过分沉迷于恋爱之中，并把恋爱作为奋发学习的动力，在学习上互相督促、互相支持、互相鼓励，就能够取得学业和爱情的双丰收。

（4）**切实保持理性**。大学生社会阅历浅，情感上和心理上都还不是很成熟，恋爱有时候容易受到外界的影响和诱惑，因此，在处理恋爱问题时，特别需要保持理性，不要被情感冲动所左右，应该认真分析自己和对方的优缺点、目标和价值观等方面，来确定自己的恋爱需求和期望，并且要充分认识到美好的爱情虽然是人生的重要组成部分，但并不是大学期间的必需部分，需要对自己的发展负责，不能因为恋爱而影响了个人对学业目标和远大理想的追求。

（5）**要有责任之心**。谈恋爱，要切实负起自己应该承担的责任，既对自己负责，也对对方负责；同时，双方都应该互相关心，互相帮助，相互勉励，真诚相待，这样才能保证恋爱关系朝着积极健康的方向不断发展；那些抱着"只求曾经拥有，不求天长地久"心态体验恋爱的，或这山望着那山高、朝秦暮楚、见异思迁的，是不负责任的表现，既会伤害对方，也会伤及自己。

（6）**彼此相互尊重**。恋人间要相互尊重，主要表现为尊重对方的独立性和重视对方的平等人格。恋爱双方在人格上都是独立的，有自己的自主权和个人空间，如果把对方当作自己的附庸，或依附对方而失去自我，这样的感情是不会长久的。恋爱双方在相互关系上是平等的，都有给予爱、接受爱和拒绝爱的自由，应多理解、信任和宽容，尊重对方的意愿或决定，放纵自己的感情或者对对方予以束缚或强迫，都是得不到真爱的。

（7）**重道德讲文明**。大学生谈恋爱，一方面要重道德。应该遵循恋爱道德规范，保持爱的纯洁，不能采取欺骗、利诱、胁迫等不正当手段，不要感情冲动越过界限，特别是女生面对男生的种种追求，应理智对待，不要被那些甜言蜜语所迷惑，不要以为自己对别人付出实实在在沉甸甸的爱，就一定会得到应有的回报，要深入地了解对方，稳重地进行把握。另一方面要讲文明。恋爱双方既要相互爱慕、亲近，又要举止得体、自重，不能在举止、语言等方面粗俗和放纵，在公共场所出入，要遵守社会公德，不要对他人生活和公共生活造成不良影响。

（8）**适度恋爱消费**。谈恋爱要花些钱是正常的，但是大学生要本着适度、节俭的原则进行恋爱消费，因为大学生的经济来源主要是依靠父母，即使父母非常有钱，也不能靠花钱来升华感情。另外，在恋爱消费时，男女双方都可以出钱，也不要算得太清楚，男生主动点出钱也行，富有一点的多出些也可以，但是不能用"砸钱"的方式来获得对方的爱，因为"砸钱"的一方可能获取不到真爱，而被"砸钱"的一方也许会后悔终生。

（9）**处好人际关系**。大学生谈恋爱不能把自己禁锢在两个人的世界中，还要处理好各方面的人际关系，一是要处理好与学校人员的关系。要积极融入大学环境中，参加各种活动，主动接触老师，加强同学联系，这样才能有利于自身的全面发展和进步。二是要处理好与双方家庭成员的关系。恋爱谈到了一定程度，就要跟双方的父母及长辈汇报沟通，争取得到双方家庭成员的认可和支持。

（10）**善于管理时间**。每个人的时间都是有限的，大学生学习、日常生活、参加各种活动都需要花费时间，加上又要谈恋爱，这样时间就会显得紧张起来，为此，大学生要统筹规划，制订合理的时间安排，平衡好学习、日常生活、参加活动、谈恋爱之间的关系，既要把大量的时间用在学业上，又不能影响了谈恋爱和自身的全面发展。

3. 要正确对待处理失恋

大学生由于年轻还不够成熟，并且毕业时又面临就业地点及职业的选择，加之少数大学生恋爱观扭曲，恋爱动机不纯，因此恋爱有很多不确定性和许多变数，导致恋爱的成功率不是很高，最后走到一起的并不是很多，经历失恋的大学生还是不少的。为此，大学生对于失恋也不要害怕和过于痛苦，如失恋了，就要正确对待处理。

（1）**正视现实**。失恋之苦在于一个"恋"字，但一方不愿意继续发展恋爱关系决定了分手，失恋的一方无论对对方爱得有多深，都是不现实的了，作为有理智的大学生应该正视这一现实，不要过于执着或者纠缠对方，更不能得不到就伤害对方。

（2）**换位思考**。对方决定终止恋爱，总是有原因的，要客观分析原因，特别是要多从自身上查找原因，设身处地地为对方着想，这样做既有助于理解对方，也有助于自己接受失恋的这一现实，及早从失恋的痛苦中解脱出来。

（3）**感情宣泄**。不要过分地隐藏或压抑失恋带来的痛苦，要找适当的方式进行宣泄，如向要好的同学诉说心中的烦恼、大哭一场等，使情绪尽快平静下来。当然，如果感觉心中的积郁实在太深而无法排解时，也可以找心理咨询师进行心理咨询。

（4）**情境转移**。有的同学难以摆脱失恋的困扰，是因为时时会想起昔日的恋人和恋情，为此，一方面要转移自己的思绪，如多参加一些体育、文艺娱乐活动，或者出去旅游散散心等，愉悦自己的心情；另一方面要积极充实自己，可以用努力学习或其他什么方式来占用自己的时间，消除失恋后的空虚感。

（5）**升华境界**。要正确看待恋爱，切不可因为失恋而一蹶不振，而要尽快把失恋升华为一种奋发向上的动力，重新调整自己的理想目标和计划安排，积极投入大学的学习和生活中去，为自己美好的未来而努力奋斗。

三、要正确处理婚姻

1. 婚姻是爱情的升华

婚姻是人与人之间一种特殊的社会关系,是男女两性关系的社会组织形式,即为当时的社会制度所确认的或法律或社会风俗习惯所承认的、以永久共同生活为目的的、男女两性结合为夫妻关系的社会组织形式。如果谈恋爱走不到婚姻这一步,那么所谈的这场恋爱是没有结果的、是失败的,最终将以失恋而告终。恋爱是缔结婚姻的前提和基础;婚姻是恋爱的结果,是爱情在内容和形式上的升华。

2. 婚姻与家庭的关系

婚姻和家庭是两个密切相关又具有明显区别的概念。婚姻的概念前面讲了。家庭是指在婚姻关系、血缘关系或收养关系基础上产生的,由亲属之间构成的社会生活单位。婚姻是家庭产生的前提,家庭又是缔结婚姻的必然结果,婚姻的成功体现为家庭的幸福,家庭的美满又彰显出婚姻的意义。

3. 妥善处理婚姻事宜

大学生对婚姻事宜要慎重考虑,妥善处理,如果谈恋爱达到了双方想缔结婚姻的地步,首先,双方还是要冷静思考,可适当再谈一段时间,让双方感情更加深厚,婚姻基础更加牢固;其次,如果确实成熟了,并且双方都达到了结婚的法定年龄,在征得双方父母同意后,可以办理婚姻登记手续;再次,即使结了婚,未到毕业时也不要急于举行婚礼组建家庭,因为组建了家庭就会有家庭事务要处理,就要承担家庭责任,这样会影响学习;最后,如果举行婚礼组建了家庭,那就不要急于怀孕生孩子,否则就会耽误学业。

§11 努力培养兴趣爱好,增添生命活力生活乐趣

良好的兴趣爱好是人一生的财富。大学生精力充沛,有很多可以自己安排利用的时间,为此,要抓住机会,除了学好专业外,努力培养好自己的兴趣爱好,增添生命的活力和生活的乐趣,为今后幸福美满的人生打好基础。

一、为什么要培养兴趣爱好

1. 有利于丰富生活

有了兴趣爱好,就会把闲暇时间花在兴趣爱好上,不会空虚、无聊,从而变成一个充实并快乐的人,使生活变得更加丰富多彩,充满希望和正能量,感受到生活的美好。如爱好烹饪,不仅自己可以享受美食,而且可以给亲朋好友呈上一道道

佳肴，让他们品尝到各种美味，不亦乐乎！

2. 有利于愉悦身心

做自己爱好的事情，可以从中享受无限乐趣，冲淡学习工作带来的单一感受，缓解周围环境带来的压力；可以摆脱烦恼，忘记忧愁，放松心情，有利于提振精神；还可以让你在有些场合或者某个时刻发挥出彩而感到自豪和骄傲。如在忙碌的学习之余，和同学一起去踢一场足球，可以沉浸于运动的快乐之中，并调节好心情。

3. 有利于提高素质

兴趣爱好是人们认识事物和从事活动的巨大动力，通过对兴趣爱好的培养和实践，能够使人的智力得到发展，知识得到扩展，眼界得到开阔，见识得到增长，思路得到拓宽，能够使人的观察能力、想象能力、判断能力、应变能力、创造能力、综合分析能力、交流沟通能力、组织协调能力、适应环境能力、解决问题能力等得到全面提升。

4. 有利于社会交往

在兴趣爱好的培养和实践中，一是能够接触到更多的人和事，会结识更多的朋友；二是会促使自己积极主动去寻找知音，并相互学习、相互支持、互相帮助，从而增进友谊，共同进步。另外，你兴趣爱好广泛，特别是有一项或几项变成了你的特长，既更有展现自己的平台，又更容易受到别人的尊敬和佩服，从而创造了自己立身处世和社会交往的优良环境。

5. 有利于个人发展

当今社会需要的是复合型人才，大学生如果既有扎实的专业技能，又有一些其他方面的才艺，那对毕业后事业的发展将是如虎添翼的。一方面，更容易找到好的工作，如有的招聘面试官就会问你有什么特长，若你的一技或几技之长正好是招聘单位所需要的，那你就会被优先录用，在现实社会中，把自己的一技之长发展成了一生事业的也不乏其人；另一方面，你的一技或几技之长在很多时候都能在公共场合大放光彩，更容易得到领导的赏识，增进与同事的交流，更能为自己才华的施展开辟广阔空间，事业上更会有发展的机会，更能得到提拔重用。

6. 有利于锻炼意志

对兴趣爱好的培养和实践，能够帮助人们树立积极向上的生活态度，陶冶情操，增强自信心、自尊心，对良好人格的形成和发展起着很大的作用；能够培养坚忍不拔、永不放弃的精神，持之以恒、锲而不舍的耐力，顽强拼搏、战胜困难的勇气，不怕挫折、迎难而上的毅力。

二、要培养怎样的兴趣爱好

1. 可供选择培养的兴趣爱好

大千世界，可以成为一个人兴趣爱好的东西特别多。可供大学生选择培养的兴趣爱好粗略分类列举部分如下：

（1）**运动类**。篮球、羽毛球、乒乓球、足球、排球、网球、游泳、武术、体操等。

（2）**艺术类**。绘画、音乐、舞蹈、表演、书法、摄影、根雕、泥塑、剪纸等。

（3）**乐器类**。钢琴、小提琴、吉他、琵琶、二胡、古筝、口琴、萨克斯、葫芦丝、笛子等。

（4）**棋牌类**。围棋、中国象棋、国际象棋、桥牌等。

（5）**文化类**。文学、史学、哲学、写作、阅读、朗诵等。

（6）**经济类**。炒股、炒期货、炒外汇等。

（7）**生活类**。烹饪、针织、养花等。

（8）**科技类**。编程等。

（9）**其他类**。收藏、慈善活动等。

2. 总体要培养怎样的兴趣爱好

每个人的兴趣爱好可以广泛，但不能浮泛。为此，大学生要结合自身实际在广泛的兴趣爱好中选择一项或几项特别喜欢或有天赋、有优势的进行重点深入培养发展，让其变成自己的特长，使自己的兴趣爱好成为"T"字形结构，即既有广泛的不一定是较高水平的兴趣爱好，又有一项或几项较高水平变成了特长的兴趣爱好。

作为比较理想的状态，一个人至少应该具有如下一些兴趣爱好：

一是要有1—2项运动类爱好。运动是一项非常好的爱好，如打篮球、羽毛球、乒乓球。正所谓生命在于运动，运动可以增强身体素质，促进新陈代谢，并且在运动之后，人们会有一种愉悦感，这对于调节心情是很有利的。

二是要有1—2项艺术类爱好。具有艺术类的兴趣爱好，如跳舞、书法，可以让自己得到艺术的享受，生活更加丰富多彩、有滋有味。

三是要有1—2项乐器、棋牌类爱好。培养乐器、棋牌类的兴趣爱好，如拉二胡、下围棋，可以让自己的生活增添情趣，享受高雅的快乐。

3. 具体要培养怎样的兴趣爱好

（1）**发展好自己上大学前的兴趣爱好**。认真回顾自己上大学前的经历，看自己有无培养了什么兴趣爱好，或有什么兴趣爱好由于学习紧张而几乎没有去培养，如有，这些兴趣爱好应该是发自内心的，在大学里就可以作为重点优先去进行培养锻炼，把其发展好。

（2）**在学习生活中感受到的兴趣爱好**。大学生在学习生活中，特别是在参加一些集体活动中，对遇到的某项事情有浓厚的兴趣，那就可以积极去尝试，如果越做越喜欢，并能带给你快乐感和成就感，那无疑就是你的兴趣爱好，你就应该花时间和精力去对其进行培养发展。

（3）**根据自己的天赋来培养兴趣爱好**。天赋是生来就具有的才智、能力等，不可否认，有的人是具有某方面天赋的。为此，大学生要认真琢磨自己是否具有哪个方面的天赋，若有，就要把自己具有天赋的兴趣爱好培养好、发展好。其实，对有天赋的兴趣爱好，只要你有心去培养，就会快速进步，更能达到较高的水平。

（4）**按照自己的理想来培养兴趣爱好**。一个人的兴趣爱好往往是广泛的，但没有这么多时间和精力都去培养发展，为此，大学生就要在广泛的兴趣爱好中按照自己的理想来挑选一些进行重点培养发展,如渴望成为业余画家,那就要主攻绘画的兴趣爱好,方向明确了,就能更好集中时间和精力,就能更快达到理想的目标。

(5)选择自己的优势来培养兴趣爱好。由于每个人的家庭情况、成长环境等不同,有的人对一些兴趣爱好的培养会有一定优势,如某人的父亲在书法方面造诣很高,那么他培养发展书法方面的爱好就很有优势,因为可以得到父亲的特殊教导帮助。为此,大学生要选择自己有优势的兴趣爱好来进行重点培养发展,这样能够取得事半功倍的效果。

(6)以利于职业发展来培养兴趣爱好。大学生要培养一些与专业学习相关的兴趣爱好,作为对专业学习的补充和延伸,使其成为专业学习的第二课堂,这样会给今后的工作带来便利,有利于职业的更好发展。如学土木工程专业的,可以培养绘画的兴趣爱好。

(7)努力把所学专业培养成兴趣爱好。爱因斯坦曾说:"兴趣是最好的老师。"大学生如果能把所学的专业培养成兴趣爱好,那么他对专业的学习就会更有激情和干劲,对专业学习的目标和要求就会更高,如立志攻读博士,就会更加认真刻苦地进行学习钻研,从而学到更扎实的专业知识,毕业后就会在专业领域有更高的建树。

三、如何培养好兴趣爱好

1. 培养兴趣爱好的方法途径

（1）**加入学校社团**。大学里有很多的社团，是学生培养兴趣爱好的好地方，这些社团每年都会在新生入学几周后开始招收新生，如果你有什么兴趣爱好，就可以加入相应的社团去培养发展、享受乐趣；如果你还没有明确想培养的兴趣爱好，也可以挑一个最感兴趣的加入其中，通过在社团的学习交往，能够激发培养自己的兴趣爱好。

（2）**参加课外活动**。大学里的课外活动场所比较多，课外活动也是丰富多彩的，大学生课余应该根据自己的兴趣爱好积极参加课外活动，如同本班或其他班的同学一起去打篮球或踢足球、跳舞等，这样既可以活跃大学生活，增进同学友谊，放松紧张心情，又可以培养发展自己的兴趣爱好。

（3）**拜师学艺**。拜师学艺就是请求某人为自己的老师，然后向他学习本领，这是把一项兴趣爱好学到较高水平的一种好方法。当然，在拜师学艺过程中，既要选好老师，又要尊敬老师、虚心好学，努力成为高徒。如你想学拉二胡，就可以在校内或校外寻找拉二胡的专业人士，然后选择联系一位拜其为师，专心向他学习，这样一定会学有所成。

（4）**网上学习**。现在网络非常发达，无论你的兴趣爱好是什么，都可以打开电脑、手机来在网上学习，非常方便，特别是手机随时都在身边，还可以有效利用碎片化的时间。如你想学习书法，就可以选择在1—2个专业网站中观看书法培训视频进行学习。

（5）**参加专业培训**。如果自己的兴趣爱好学校没有相应的社团可以参加，如烹饪，那么可以在校内或去校外寻找专业培训班参加学习，特别是可以在暑假、寒假这样较长时间的假期中参加专业培训班，较全面系统深入地进行学习，以提高自己这方面的理论水平和实操能力。

（6）**自学摸索**。在没有其他人指导和教育的情况下，大学生对自己的某项兴趣爱好，如根雕，可以通过自己学习和摸索的方法来进行培养发展，其中自学的途径很多，既可以购买相关书籍自学，也可以在网上学、从电视中学、在实践中学等，摸索就是边实践边琢磨边提高。自学摸索虽然是一种常用的学习方式，但更需要恒心和毅力。

2. 培养兴趣爱好要注意的事项

（1）**要突出重点**。一个人有广泛的兴趣爱好当然好，但每个人的时间和精力都是有限的，为此，大学生要有目的、有规划、有针对性地重点培养几项兴趣爱好，让其成为自己未来职场和生活中的必杀技,这样也不会因为兴趣爱好而影响了专业学习和其他方面的发展。对重点培养的兴趣爱好,要持之以恒地花时间和精力去学习实践,使其水平日益长进并取得更好的成就。

（2）**要舍得放弃**。一个人如果兴趣爱好太多,对它们的培养发展影响到自己的专业学习了,那这时,就一定要好好斟酌考虑,果断舍弃一些没那么喜欢和发展潜力不大、自己没有什么天赋或优势的,挑出自己最喜欢、最需要的一些进行培养发展,绝对不能因兴趣爱好而影响了学业,要做到相得益彰。

（3）**要多交流切磋**。大学生既要主动参加相应兴趣爱好的团体或者组织,以便让自己更加深刻地理解兴趣爱好的意义和价值,结识更多志同道合的朋友;又要积极寻找和创造机会,多与有共同兴趣爱好的人交流切磋,互相分享经验和心得,从中获得更多的启发和帮助,不断提高自己兴趣爱好的热度和技能水平。

§12 热心关注校外世界，避免成为井底之蛙

大学校园是学习的"圣地"，但不是孤立存在的，大学生毕业离开学校后面对的就是校外世界。为此，当代大学生不能成为"两耳不闻窗外事，一心只读圣贤书"的井底之蛙，而要热心关注校外世界，成为视野宽阔、见识广博、全面发展的人才。

一、为什么要关注校外世界

大学生关注校外世界主要有如下好处：

1. 融入社会，增添活力

通过关注校外世界，大学生可以了解到全世界自己所关心的情况，特别是可以了解到我国政治、经济、科技、文化等

各方面的情况，以拉近自己与社会的距离，将自己融入社会中去，把自己的前途命运与祖国的发展紧密相连起来，从而倍感自己投身建设中国特色社会主义伟大事业肩负的责任重大，增添更加刻苦学习、立志成才的动力、干劲和活力。

2. 开阔视野，增长见识

当今社会是信息爆炸的时代，通过关注校外世界，大学生可以获知许多国内国际大事、热点事、新鲜事、有趣事，学到许多课本之外的知识、技能、经验、智慧，感受到大千世界的无限精彩和纷繁复杂，领悟到很多社会发展、人类进步的道理，体会到只有发奋努力才能不负时代、不负韶华，从而视野会更加开阔，见识会更加广博，思想会更加活跃，更能适应新时代。

3. 丰富生活，陶冶情操

大学生的空闲时间是比较多的，天天钻在书本里也会感到大学生活的枯燥无味，而校外世界十分精彩，会吸引大学生去关注，并且可以关注的内容无所不包。大学生可以根据自己的兴趣爱好和需要进行关注，比如关注时事、就业形势、自己爱好的足球赛、自己感兴趣的军事武器等，通过时常的关注，不仅可以充实自己，丰富大学生活，而且可以愉悦身心，陶冶高尚情操。

4. 推动学习，提升素质

通过关注校外世界，可以感受到自己的知识面不够宽，自己所学到的专业知识还肤浅，自己需要学习的东西确实太多，从而增强学习的紧迫感和自觉性，促进自己更有计划、有目标地珍惜时间刻苦学习各方面的知识特别是专业知识，进而提升自己的综合素质和专业水平，提高辨别是非、解决问题、开拓创新和适应社会的能力。

5. 利于就业，促进发展

通过关注校外世界，大学生能够更清楚就业形势，端正就业观念，获得更多的就业信息，并且由于关注校外世界获得了大量信息、学到了很多知识、增长了许多见识，在竞考的笔试、面试中就会显现优势，从而能够竞争到更加如意的工作岗位；就业后，更容易迅速转换角色，更能够适应工作岗位把工作做好，而得到领导的赏识、同事的认同、群众的认可，进而得到更好的职业发展和晋升。

二、要关注校外的什么

身为大学生，应该广泛涉猎，但是一个人的时间和精力是有限的，不可能什么都去了解、去学习，因此，大学生要根据

自己的实际情况和兴趣爱好去关注校外的世界,一般来说,应关注如下方面:

1. 关注国内国际时事

大学生在校时间是短暂的,毕业后就要走向社会,是未来国家乃至世界建设的主力军,因此不能脱离社会,只有着眼长远、立足祖国、胸怀世界,才能不负使命。世界是丰富多彩的,如果注重关注国内国际时事,就能及时了解掌握国内国际的发展形势和趋势;就能做国内国际形势的"明白人";就能结合实际,对涉及自己的事项未雨绸缪,趋利避害。

2. 关注党和国家的方针政策

大学生作为国家的一分子,与国家的治理是息息相关的。为此,大学生要积极关注党和国家的方针政策,对与自己密切相关的还要认真学习领会,如攻读研究生和就业的政策,只有灵活运用党和国家的方针政策并顺应其变化,才能更好地立足社会,更好地施展才华,更好地促进自己发展,在建功立业中成就精彩人生。

3. 关注所学专业的情况

大学生对自己所学的专业要全面进行关注,一是关注所学专业在社会上的地位和作用；二是关注所学专业的发展情况及发展前景，特别是发达国家这方面的情况；三是关注所学专业的攻读研究生情况；四是关注所学专业的就业情况。通过全方位关注，更加全面深入了解自己所学的专业，提高学习的兴趣，激发学习的热情，增强学习的信心，增添学习的干劲。

4. 关注就业形势和政策

大学生不论上的什么大学，学的什么专业，除继续深造的外，毕业后都要走出校门就业，因此，在校期间特别是快毕业时，要关注就业形势和政策，以了解大学生尤其是自己所学专业的就业形势和国家的相关政策，促使自己正确对待就业的压力，小心择业盲区，走出就业的心理误区，树立正确的择业观，科学规划职业生涯，为自己更加顺利、更加理想的就业打好基础。

5. 关注历史人文地理

世界各国人民共同创造了人类的文明，特别是我国更有着光辉灿烂的历史，并且地大物博，作为新时代的大学生，如果不懂点历史人文地理，那就算不上是一名综合素质高的大学生，为此，大学生要关注世界各国特别是我国的历史人文地理，以达到具备较多的地理文化知识和一定的环境审美能力，从历史、人文、区域和社会等多重角度提高人文素养。

6. 关注自己感兴趣的东西

每个大学生都会有自己的兴趣爱好，如爱好跳舞、书法，对自己感兴趣和爱好的东西要多进行关注，一方面，可以丰富自己的大学生活，使自己的大学生活变得有滋有味、绚丽多彩；另一方面，可以加深对自己感兴趣事情的认识，使自己的爱好得到更好的发展，提高自己兴趣爱好的水准，提升对兴趣爱好的热度，充分发挥兴趣爱好在生活中的作用。

三、怎样关注校外世界

关注校外世界的途径和方式、方法是很多的，主要可以从以下方面进行关注：

1. 使用手机、电脑上网

现在网络非常发达，网上内容无不包，并且有文字、有图片、有视频，很是吸引人，使用手机、电脑上网，方便关注校外的世界，特别是每个大学生都随身带有手机，随时随地都可以在手机上查阅各种信息资料、观看各种图片视频、学习各种知识技能等，尽情享受网络带来的便利。

2. 收看电视，收听广播

收看电视、收听广播是在网络普及前了解外面世界的重要途径，虽然现在网络把电视、广播的流量冲淡了，其实电视、广播的内容也是非常丰富的，特别是电视图文并茂、直观生动、画面清晰，作为关注校外世界，大学生还是可以经常看看电视、听听广播，尤其是新闻联播和一些专题节目及自己感兴趣的东西，值得收看收听。

3. 阅读报刊、书籍

在网络时代，报刊、书籍仍有其自身特点和独特作用，既更方便阅读及作标记，又有长篇大论的深度专稿，报刊分类明确利于选阅，书籍内容更是全面系统翔实，通过阅读报刊、书籍，特别是到图书馆去阅读报刊，是大学生关注校外世界的一条途径。需要说明的是，现在很多报刊有电子版，可以用手机、电脑上网阅读。

4. 听取专题辅导讲座

专题辅导讲座是专家、学者、领导或者其他有专长的人士就某一个方面所作的帮助和指导学习的报告或授课。学校经常会举办各种专题辅导讲座，现在网上也有很多专题辅导讲座，大学生要根据自己的实际需要和兴趣爱好,选择听取学校举办的和网上的有关专题辅导讲座,以获得对某一方面情况的全面深入了解。

5. 走出校园亲身感受

大学生在寒暑假或双休节假日,可以和同学或父母、亲朋一起到企业、旅游景区、革命圣地、发达地区、落后地区等去走走看看、开阔眼界、长长见识,亲身感受祖国的繁荣昌盛、山川秀美和文化底蕴深厚以及城乡的差别、发达地区与落后地区的差别,更好地了解社会、感悟人生。

6. 参加社会实践活动

参加社会实践活动既是高校重要的教育环节和教育形式,也是大学生了解社会和体验社会的重要途径,为此,大学生既要按照学校的部署安排、又要自己主动寻找机会积极参加社会实践活动,通过走出校园投身实践,把汗水挥洒在祖国大地上,一路上所遇的各样"风景"会成为你不可多得的人生经历,点点滴滴的体验终将潜移默化地加深你对世界的认知。

7. 进行专题调查研究

为比较全面深入系统了解某一方面的情况,如大学毕业生在村级的工作、生活、成长情况,大学生可以自己单独或伙同同学进行专题调查研究。进行专题调查研究要明确目的、选好方法、制订计划、收集情况、分析归纳、最后形成报告,并且在实施过程中要搞好协调,争取各方面的支持,以便顺利开展专题调查研究并取得好的效果。

8. 多与他人交往交流

三人行必有我师,特别是老师、长辈、学长及优秀的同学一般对校外世界了解得比较多,有的对一些方面还了解得相当深,大学生要怀着谦虚好学的心态,积极寻找机会,多与他人交往交流,特别是要多向优秀的人包括父母请教学习,这样能够学到课本外的很多知识和人际交往的方法技巧,了解到校外世界的很多情况。

§13　积极参加社会实践，在自我完善必经之路上成长

大学生社会实践活动是指大学生在上大学期间按照教学安排和个人意愿，有目的、有计划地走向社会、深入实际，察民情、明社情、识国情、受教育、拓视野、学知识、长才干、作贡献的一系列活动的总称。社会实践活动既是高校重要的教育环节和教育形式，更是当代大学生自我完善、尽快成长的必经之路，大学生理应积极参加。

一、参加社会实践益处多多

1. 有利于大学生了解社会认识国情

现在社会比较复杂，国情更不简单，大学生仅凭在校园读几本书、听几次讲座、看几条新闻是了解不深、认识肤浅

的，只有参加社会实践活动，通过所睹、所闻、所为、所思、所悟，特别是对工作、生活的亲身体验和与人民群众的真切交往、交流，对社会就会有一个更全面的了解，对国情就会有一个更深入的认识。同时，大学生在实践活动中也能服务回报社会。

2. 有利于大学生正确认识自己

广泛的社会实践活动，能够让大学生看到自己与社会需要之间的差距，看到自身知识和能力上存在的不足，比较客观地去重新认识、评价自己，逐渐摆正个人与社会、个人与人民群众的位置。同时，能够产生一种紧迫感和危机感，促使自己认真思考自身的发展问题，不断地去提高自身素质和能力，不断提升和完善自己。

3. 有利于大学生将理论知识转化为实际能力

大学生在课堂上获得的基本上是理论知识，这些理论知识对大学生来说虽然非常重要，但并不代表大学生的实际技能，往往难以直接运用于现实工作生活之中，而且在实际工作生活中，许多问题单靠某一方面的知识是难以解决的，需要考虑诸多因素，运用多方面的知识技能才能解决得了。社会实践使大学生能够接近社会和自然，获得大量的感性认识和许多有价值的新知识,同时能够把自己所学的理论知识与接触的实际现象进行对照、比较,把抽象的理论知识逐渐转化为认识和解决实际问题的能力。

4. 有利于大学生锻炼组织协调能力

社会实践活动没有固定的形式,也没有固定的场所和对象,一般是在一个比较开放的环境下,面对不断变化的形势,没有课堂教学的太多束缚和校园生活的限制,这就要求大学生开动脑筋,活跃思维,跟多方沟通联系,争取相关支持帮助,独立解决各种问题,凝聚活动团队力量,想方设法把活动搞得有声有色,从而能够锻炼大学生的组织协调能力。

5. 有利于大学生增强创新竞争意识

一般来说,书本上的知识学习是比较呆板的,在大学校园里的竞争也是比较单纯的,而在社会实践活动中就会发现,在热火朝天的中国特色社会主义建设事业中,人民群众是真正的英雄,创新是解决问题、激发活力、推动发展的灵丹妙药,无时无地不在;竞争是抢占先机、赢得主动、获得成功的有力武器,是非常激烈的。为创造幸福成功的人生,大学生必须主动投身创新竞争的行列。

6. 有利于大学生增加社会阅历和积累工作经验

社会阅历和工作经验是职业职场中的关键因素，而这两个方面在校园里是很难学到的，大学生只有积极参加社会实践活动，让自己在实践中学习锻炼，日积月累，才能不断丰富社会阅历，不断积累工作经验，这样走出校门择业求职和工作时就会有优势，就能比他人超前一步，赢得发展的先机。

7. 有利于大学生提升适应社会服务社会的能力

随着社会的不断发展，对各种人才的要求随之不断变化，标准也越来越高。因此，专业面窄、社会适应性差、综合能力不强的人才在社会上必然处于劣势，而社会实践活动可以使大学生广泛地接触社会，在实践中不断动脑、动手、动嘴，直接与社会各阶层、各领域的人员打交道，锻炼实际工作能力，以更好地适应社会的需要。

8. 有利于大学生合理规划职业生涯

人生规划中的关键是职业规划，定位合理，才能使自己的职业规划有效实现。社会实践活动有助于大学生了解一些职业情况，特别是自己所学专业的职业情况，增强自我价值认知和职业规划意识，促进大学生树立正确的择业观，将个人追求与社会需要相结合，根据自己所学专业、能力特长、兴趣志向、存在优势等进行正确决策，规划好职业生涯。

9. 有利于大学生锤炼品德修养

社会实践活动是锤炼大学生品德修养的"沃土"，促进大学生健康成长的"温床"。在社会实践中，大学生通过各种的经历及磨练和接受的教育，能够更好地理解党的路线、方针和政策，坚定共产主义理想信念，提高政治意识和政治敏锐性，矢志不渝地走中国特色社会主义道路；能够克服"娇、骄"二气，养成艰苦奋斗、勤俭节约、不怕困难、不怕牺牲、顽强拼搏、锐意进取的优良品德，树立正确的世界观、人生观、价值观；能够增强民族自豪感和社会责任感，树立崇高理想，不负韶华，勤奋学习，奋发成才，积极投身实现中华民族伟大复兴事业中。

二、如何积极参加社会实践

1. 社会实践活动的种类

大学生可以参加的社会实践活动种类繁多，总的来说可以分为有偿性的和无偿性的两类。

有偿性的社会实践活动包括产品生产如到企业做工、商品销售如广告张贴发放、家政服务或家教、中介服务如会计事务服务等。参加有偿性的社会实践活动要增强安全意识，谨防上当受骗，千万别陷入违法泥潭中。

无偿性的社会实践活动包括义务工作如学旅游管理专业的学生到景区做义务讲解员、志愿服务者如协助维护交通秩序、文化科技卫生"三下乡"活动、无报酬的实习等。

2. 如何科学选择参加社会实践

（1）**根据不同的学习时段侧重不同的社会实践活动。**大一、大二时，主要参加一些与社会和所学专业初步接触的社会实践活动，通过参加这类实践活动，可以学到书本以外的一些东西，了解工作的不易，认识社会与学校的差别，学得人际交往的方法和技巧等。大三、大四时，主要参加将自己在学校学到的理论知识与实践相结合、为求职就业做准备的社会实践活动，如参加带有实习性质的实践活动，通过参加这类实践活动，把理论知识转化为实际工作能力，提高对社会的认识水平和社会适应能力，掌握必要的进入社会所需的知识和技能，为从学校走向社会打下良好的基础。

（2）**根据不同的个性要求选择不同的社会实践活动。**随着经济社会的发展，大学生可以参加的有偿性的和无偿性的社会实践活动都越来越多。大学生可以根据自己的实际情况、兴趣爱好、实践目标以及学校安排进行科学选择参加，如城市生源的学生可以参加文化科技卫生"三下乡"活动以更多地了解农村的情况，农村生源的学生可以参加社区义务服务以更多地了解城市的情况，家庭经济困难的学生可以参加勤工助学以获得一些收入。

（3）根据特定的需要选择参加社会实践活动。如国家举行某项大型活动，需要招募志愿服务者，参加这种志愿服务者也是一种有意义的选择。

三、慎重决策合理选择兼职

大学生兼职就是大学生在大学期间兼任一份甚至多于一份的工作，它既是大学生参加社会实践活动的一种方式，又是大学生获得收入的一条途径。

1. 慎重决策是否兼职

大学生虽然课外时间比较充裕和自由，但大学时光是宝贵的，应该好好珍惜投入学习。

如果家庭条件还好，不存在交不起学费和生活费不足的情况，建议要把时间和精力放在学习上，不要去兼职，因为一个人的时间和精力是有限的，而上大学的任务就是学习，目标就是学习好，即使想去试试，也不能站在赚钱的角度花较多时间去兼职，只能站在实践锻炼的角度花较少的时间去体验。

当然，如果确实存在经济上的困难，还是可以考虑适当去兼职，以赚取一些收入弥补开支，但要统筹好学习与兼职的关系，不应把过多的时间和精力用于兼职，并且只能压缩学习之外的其他活动时间用于兼职，以保证有足够的学习时间，绝对不能因兼职而影响了学业，否则得不偿失，因为大学的学习机会是用金钱买不回来的。

2. 合理选择兼职工作

如果有意去做兼职，也不能随便见事就接，而要选择对自己更有意义的事去做。挑选兼职时，应遵循以下几点：

（1）**选择对自己专业学习有帮助的兼职**。能够选择到这样的兼职那就最好，因为这样的兼职可以促进在校的专业学习，如师范生可以选择兼职做家教。

（2）**选择对自己职业方向有帮助的兼职**。从事这样的兼职，将会给自己今后的从业带来益处，如学会计专业的可以选择到企业兼职做会计。

（3）**选择能够有经验积累的兼职**。不要去做一些单一重复性的劳动，如流水线工人、发销售传单等，而应该从事有经验积累的工作，如学英语专业的可以选择兼职做英语翻译，这样英语翻译的经验会不断丰富。

（4）**选择从事一些有"门槛"的兼职。**有"门槛"的工作，不是想去就能去得了的，必须具有一定的专业水平才有机会，从事这方面的兼职，可以促使自己钻研业务，对提升自己很有帮助，收入也会更高。

（5）**选择能够帮助自己开阔视野增长见识的兼职。**这种兼职的机会是比较少的，要善于寻找、发现和抓住，如跟着内行人士做城市规划设计，可以从中学到很多东西。

§14 遵纪守法文明自律，做名严于律己好学生

当今社会纷繁复杂，校园也不宁静，间或能在网上看到大学生因违法被追究责任或因违反校纪校规被处理、因不文明行为被曝光的情况，为此，大学生要引起高度重视，自觉遵纪守法文明自律，做名严于律己的好学生。

一、大学生为什么要遵纪守法文明自律

1. 遵纪守法文明自律是对公民的基本要求

没有规矩，不成方圆。在当今法治文明社会，每个公民都要遵纪守法文明自律，这是国家和社会发展对公民的基本要求，大学生作为有理想、有文化的优秀青年，更应该遵纪守法文明自律，自觉维护社会秩序和公共利益。

2. 遵纪守法文明自律能够得到更好的发展

大学生自觉遵纪守法文明自律，不仅体现了自我约束的能力，更体现了修养和品德，是具有良好综合素质的表现，具有这种品行的大学生，更有人格魅力，更能得到人们的尊重，将会在各方面得到更好的发展。

3. 不遵纪守法文明自律会受到应有的惩处

法律法规、纪律和文明规范规定了哪些行为不可为，触犯了法律法规和纪律是要被追究责任受到惩处的，严重的是要被判刑的，甚至要被判死刑，如某大学学生马加爵因杀死4名同学被判了死刑；违反了文明规范也是要受到道德谴责、批评教育等处理的。

4. 学习工作生活中需要依法依纪依规行事

一是学习工作生活中的事情都要依法依纪依规处理，或遵从法律法规、纪律要求和文明规范去办理，或不得违反法律法规、纪律要求和文明规范；二是当自己的合法权益受到侵害时，要依法依纪依规正当地去维权，绝不可采取暴力或其他非法手段乱来。

二、大学生怎样做到遵纪守法文明自律

1. 切实增强遵纪守法文明自律意识

当代大学生有幸生活在法治、文明的社会之中，要树立正确的世界观、人生观、价值观，充分认识到遵纪守法文明自律的重要性，把遵纪守法文明自律作为自己健康成长的需要，以遵纪守法文明自律为荣，以违法乱纪粗野放纵为耻，切实增强遵纪守法文明自律意识，只有这样，才能成为有理想、有道德、有文化、有纪律的社会主义事业建设者和接班人，更好地为校园的和谐稳定和社会的发展进步做出自己的贡献。

2. 加强法律法规纪律文明规范学习

懂法知纪明礼是遵纪守法文明自律的基础，为此，大学生一是要认真学习国家的法律法规，特别是宪法和与自身密切相关的法律法规；二是要全面了解学校的规章制度，如学籍管理、考试纪律、宿舍管理等；三是要结合自身实际，了解中国共产党、中国共产主义青年团的纪律规定；四是要全面了解文明规范，如维护公共秩序、爱护公共设施的要求。在学习的方式方法上，既要积极参加学校安排的课堂学习和组织的其他集体学习，又要主动进行自学，还要多参加一些相关的实践活动，如法治宣传活动。通过学习了解，知道哪些行为应该为；哪些行为不可为，违反了会受到怎样的惩处；合法权益受到侵害时怎样进行正当的维权，不断提高自己的明辨是非能力和法纪文明素养。

3. 自觉遵守法律法规纪律文明规范

大学生要时刻保持清醒的头脑，增强自我约束能力。一是要自觉遵守法律法规。法律法规规定了学习、工作和生活等方方面面的不可为行为，对这些不可为行为不得违反，如不侵犯他人的隐私、名誉、人身、财产合法权益等。二是要自觉遵守校纪校规，如不迟到、不早退、不旷课、不违反课堂纪律、不抄袭作业、不考试作弊、不违反宿舍管理规定等。三是要自觉遵守中国共产党、中国共产主义青年团的纪律要求，如不得丑化党和国家形象，或者诋毁、诬蔑党和国家领导人等。四是要自觉遵守文明规范，如文明上网、不损坏公物、不随地吐痰、不乱扔垃圾、不践踏草坪、不说脏话、不大声喧哗、不在禁止吸烟场所吸烟、不插队、不闯红灯、不乱穿马路、不违规停车等。

4. 正确运用法律法规纪律文明规范

一是要学会运用法律法规来保护自己的合法权益，如不参与非法活动、不泄露个人信息、不轻信陌生人等。二是遇到自己的合法权益受到侵害时，要冷静分析情况，敢于和善于运用法律法规武器进行维权，如可以向学校有关部门投诉或报警处理，也可以寻求法律援助解决。三是应该坚决抵制各种违法乱纪和不文明行为，如发现身边有诈骗、盗窃、传销、打架斗殴等行为，要立即向有关部门举报，为维护校园和社会安全文明作出贡献。

§15 懂得珍惜和管理时间，别让大学美好时光虚度

光阴似箭，岁月如梭。每个大学生无论所读大学的学制是几年，时间终归是短暂的，都要懂得珍惜和管理好在大学期间的宝贵时间，别让大学美好时光虚度。

一、要懂得珍惜时间

时间是构成一个人生命的材料，是一去不复返的。每一个人的生命是有限的，属于一个人的时间也是有限的。高尔基曾说："世界上最快而又最慢，最长而又最短，最平凡而又最珍贵，最易被忽视而又最令人后悔的就是时间。"时间是一种无时无刻不把握在我们手中而又无时无刻不从我们手中消逝的东西，任何人都无法阻止其向前，也没有任何东西可以挽回已经流逝的时间。

时间对每个人都是公平的。一年365天（闰年366天），一天24小时，一小时60分钟，一分钟60秒，对每个人都一样，绝不会因人的高低贵贱而变长或变短，但对待时间的态度不同，就会有不同的结果。珍惜时间的人，硕果累累，使生命富有意义；浪费时间的人，却鲜有成效，只有徒伤悲，空叹息。

一寸光阴一寸金，寸金难买寸光阴。每个人都要珍惜自己所拥有的美好时光，让生命之舟与时间一起扬帆远航。从古至今，凡是为人类做出杰出贡献的人，都是非常珍惜时间的。鲁迅说："浪费别人的时间，等于谋财害命；浪费自己的时间，等于慢性自杀。"由此可见时间是多么珍贵而不容浪费的。

大学生在大学期间的时间尤为宝贵，因为大学生朝气蓬勃，充满活力，正处在汲取知识的黄金时期，大学时代是人一生中最重要的成长时期、打基础时期。珍惜时间，勤奋学习，不仅是祖国和人民向大学生提出的要求，也是大学生自身成才的先决条件。

对大学生来说，经过大学期间的学习，有的取得了优异成绩，各方面都有了长进；而有的却收效甚微，甚至白在大学里待了几年，这跟珍惜与不珍惜时间是密切相关的。花儿谢了有再开的时候，草儿枯了有再绿的时候。陶渊明曾说："盛年不重来，一日难再晨，及时当勉励，岁月不待人。"大学生应该惜时如金，认真利用大学期间的每一分每一秒，勤奋努力，为自己今后的美好前程打下坚实的基础，度过一段有意义、有收获的大学时光。

二、要懂得管理时间

步入大学后，与中学时代发生了大的变化，父母不再陪在身边，老师不再耳提面命，课程有的可由自己选择，作业、考试也很少了，自由支配的时间明显增多，为了让自己的大学生活丰富多彩，收获满满，就必须懂得管理时间。具体来说，要做到如下八个方面：

1. 要有明确的目标任务

高中阶段，学生的目标都非常明确，就是考取大学；大学阶段，学生同样需要有明确的目标，清晰明确的目标规划有助于大学生更好地完成大学学业、取得长足进步。目标明则任务清，大学生在规划目标时，务必把学习作为主要任务，既要胸怀大志，目光长远，做到有高度和挑战性，是跳起来才能摘得到的"桃子"，又要切合实际，切实可行，千万不能好高骛远，更不能空想幻想；并且既要有长远目标，又要有分阶段的小目标，让每个时间段都有对应要完成的事情，这样时间安排才会紧凑，才不会浪费时间。

2. 要有科学的计划安排

凡事预则立，不预则废。大学生管理时间的最好方法，就是早计划、早安排，不打乱仗，保证时间的有效利用，保证各项事情顺利快速地做好。大学生在校期间要做的事情是很多的，做每件事都需要时间。时间从何而来呢？怎样合理分配时间呢？这就要求大学生抓住学习重点，统筹兼顾，科学支配时间，做到井然有序。制订计划时，既要做好大学期间的长期计划，又要做好每学年、每学期的中期计划，更要做好每月、每周、每天的短期计划，通过短期计划的落实来保证中期、长期计划的实现；当然，各种计划，特别是长、中期计划，是可以根据实际情况的变化进行调整优化的。

3. 要自觉抓紧时间

大学生活看似比较轻松，但时间不等人，大学时光一晃就会过去，作为一名有理想、有抱负的大学生，一进入大学就要增强时间观念，以"慢不得"的危机感、"等不得"的责任感、"拖不得"的紧迫感，赶紧对自己的大学生涯进行规划，然后发扬只争朝夕的精神、今日事今日毕的作风，以不负韶华的决心，集中精力，排除干扰，抓紧时间一步一个脚印地朝着自己的大学目标努力，以在大学的时间里打好基础而赢得成功的美好未来。

4. 要学会科学安排时间

大学生要学习各种知识，参加各种活动，参与社会实践，还要健身、娱乐、休闲等，这些都需要时间，而时间是有限的，必须合理进行安排，包括安排好双休、节假日的时间。其实，科学安排时间的方法技巧很多，要不断地学习和摸索。比如，曾经有一个教学生做时间管理的老师，他上课时带来两个大玻璃缸和一堆大小不一的石头及一些沙子。他做了一个实验，在其中一个玻璃缸中先把小石、沙倒进去，最后大石头就放不下了，而另一个玻璃缸中先放大石头，其他小石和沙却可以慢慢渗入。他以此为比喻说："时间管理就是要找到自己的优先级，若颠倒顺序，一堆琐事占满了时间，重要的事情就没有空位了。"

又如，早上最适合记忆，就安排记英语；晚饭后适合静下来学习，就去教室或图书馆完成当天的作业，复习、预习功课，看书；那些精力不太旺盛或比较容易受干扰的时间可以安排用于做题目，因为做题目的时候需要动脑动笔，可以强迫人集中注意力，即使周围环境比较吵闹，即使精力不太好，仍然可以达到练习的效果。

5. 要提高时间利用效率

时间利用效率高的人，在同样的时间内可以做更多的事情。爱迪生一生忘我工作，时间利用效率非常高，成为了发明大王，他在79岁生日时自豪地宣布："按常人的工作量计算，我已经135岁了。"为提高时间利用效率，一是要把需要做的事情分为重要且紧急、紧急但不重要、重要但不紧急、既不紧急也不重要四类，然后按照轻重缓急有主有次地去完成需做的事情，首先是马上做重要且紧急的事情，其次是做重要但不紧急的事情，再次是做紧急但不重要的事情，最后再做既不紧急也不重要的事情，并且这类事情要尽量简单做，如没有时间也可以不做。二是要对所需做的事情设定完成所需时间及完成时限，以促进高效如期完成。三是做任何事情都要争取一开始就把它做对、做好，能一次做完的事情就一定要一次做完，绝不拖拉，重复和反复做一件事是最浪费时间的。

6. 要时刻用心节约时间

虽然每天只有24小时，但如果你有心节约时间，你就可以拥有比别人更多的时间。我国革命家邓中夏，他在北京大学读书时，给自己规定了严格的学习时间，为不受人干扰，他干脆写了张"五分钟谈话"的纸条，贴在书桌上，来访的客人看到这字条后，如没重要事情便会马上告辞；有的客人甚至从他那儿得到启迪，也抓紧时间读书，不再虚度年华了。

只要你想节约时间，方法途径多的是，如缩减刷朋友圈、刷微博、刷抖音快手、追剧、闲谈聊天、打游戏等的时间；限制自己查看、回复微信、QQ、电子邮件的次数，有时甚至可以暂时关掉微信、QQ、电子邮箱；避开高峰期进食堂用餐以免花时间排长队等。

7. 要懂得灵活挤出时间

鲁迅说："时间就像海绵里的水，只要愿挤，总还是有的。"挤时间是一种人生智慧，方法技巧是很多的，比如，每个大学生想做的事情都是很多的，但时间毕竟有限，这时就必须做出明智的选择，舍得放弃一些没有必要做、做着意义不大或无法达到追求结果的事情，像社团活动、学术报告、讲座等不要盲从，从而挤出时间来做应该做的事情；又如，对别人要求你参与或做的一些不必要的应酬、可不参与的活动、不属于自己义务的事项等，要敢于和善于拒绝，不要被无关紧要的事缠身。

8. 要善于利用零碎时间

生活中有许多零碎时间，这些时间看起来似乎微不足道，很容易被人浪费，其实这些时间虽短，却可以充分利用起来做一些事情，比如等车、等人、排队、坐车、坐飞机、上厕所等的时间。如何有效地利用零碎时间呢？要把那些可以利用零碎时间做的事先准备好，如随身带着需记的英语单词、数学公式、想阅读的短文等，遇有零碎时间就有计划地拿出来做，特别现在是信息化时代，手机成了生活中的必需品，利用零碎时间可以充分发挥手机的作用，养成积极利用零碎时间的好习惯，日积月累成效就会十分可观。

莫等闲，白了少年头，空悲切。大学生一定要珍惜大学的美好时光，在努力拼搏中实现自己的校园梦想，以无愧于青春，无愧于老师，无愧于父母，无愧于祖国和人民。

下篇

父母怎样给上大学子女讲好 15 个话题

§1 读懂孩子的"心理状态晴雨表"

上大学子女处于心理发展的特殊阶段,这一阶段受年龄、经历及所处环境等因素的影响,心理状态是十分复杂且不断变化的,作为父母,要不断用心把握上大学子女的心理状态,读懂孩子的"心理状态晴雨表",只有针对上大学子女的心理状态进行教育引导,才能使子女的心理状态不偏离正确的方向,成为健康成长、快速进步的助推器。

一、当代大学生的一般心理特点

1. 有强烈的求知欲望

上大学是有志青年的梦想,作为时代骄子的大学生获得了很好的学习机会,他们也知道,无论是追求未来幸福的个人生活,还是实现自己的社会价值和远大理想目标,都需要以知识和自身的能力为基础，为此，大学生有强烈的求知欲望，能抓住机会，珍惜时间，投入精力，刻苦学习，希望在大学里通过系统学习、专业训练能够丰富自己的知识、学好自己的专业、提升自己的能力。当然，由于学习进步的不易，有的大学生也会存在对自己恨铁不成钢的心理。

2. 自我意识逐步增强

大学学子离开家庭进入大学校园，觉得自己已经长大成人，不再是依赖父母的孩子了，好的生活习惯逐步形成，更有了主见和自尊心、自信心，独立意识逐渐增强，自我认识、自我评价、自我控制、自我教育、自我完善的能力逐步提升，但是他们由于社会生活的知识、能力、经验不足，往往对自己估计过高，听不进父母等各方面的意见建议，一旦遇到自己无力解决的困难或遭到某种挫折时，容易产生对现实的不满或感到自卑，甚至出现过激行为或行为失控，做出不理智的事情。这些充分反映了大学生正在迅速走向成熟但又尚未完全成熟的心理特点。

3. 认知功能不断成熟

认知是指个体对周围事物的看法、想法或观点，表现为感觉、知觉、记忆、思维、想象等一系列过程。认知功能成熟能够使个体正确认识自己，恰当评价他人，客观考察周围环境，积极适应社会生活。大学生由于学习的知识不断增加，对社会的接触和受到的各种锻炼都越来越多，思维能力特别是抽象思维能力不断提高，但是他们的思维能力并未达到真正成熟的程度，尤其是运用马克思主义的唯物辩证法和理论联系实际的观点去指导认知活动和观察社会现象还会有差距，所以常常把社会问题看得过于简单，以至于有时会陷入主观、片面和"想当然"的境地。

4. 人格趋向成熟稳定

人格是指个体在对人、对事、对己等方面的社会适应中行为上的内部倾向性和心理特征，表现为能力、气质、性格、需要、动机、兴趣、理想、价值观和体质等方面的整合，是具有动力一致性和连续性的自我，是个体在社会化过程中形成的独特的心身组织。大学阶段是大学生人格发展、完善的重要时期，他们综合水平不断提高，意志品质逐步养成，对现实的态度渐趋稳定，世界观、人生观和价值观开始形成，人格不断地成熟起来。

5. 容易接受新鲜事物

新鲜事物是指生活与生命中没有经历过的事情，没有拥有过的物品，没有涉足过的领域等。因每个人的经历、见识不同，不同的人眼中的新鲜事物是不一样的。当代大学生思想活跃，思维敏捷，对新鲜事物充满好奇，容易产生浓厚的兴趣，并且接受新鲜事物快，这有利于不断丰富自己的内心世界，拓宽视野，学到知识，提升自身素质，增强自身本领。当然，由于新鲜事物极其复杂，大学生在辨别真伪及需求上经验不足，在认识和理解新鲜事物上也容易出现问题。

6. 情感丰富且有波动

大学生充满青春活力，特别关注自身成长和喜欢表现自己，渴望获得真挚的友谊和进行更多的情感交流；对周围环境的变化、学业的好坏、他人的评价、与他人的关系、社会要求等非常敏感；热爱祖国，关心集体，富有理想，对实现中华民族伟大复兴充满希望和激情。但是大学生控制和调节情绪的能力还比较弱，由于学业压力、人际关系、未来规划等多方因素，情感容易产生波动，常常会因自己的需要和愿望得到满足而欢欣鼓舞，也会因一时得不到满足而悲观失望。

7. 性意识迅速发展

大学生已长大成人或接近成人，生理发育基本完成，并且大学校园是年轻人的世界，每个大学生都有充分的机会与同龄的异性接触，所以性意识会迅速的发展并逐渐成熟。为此，大学生开始注重自身形象，关注异性、渴望与异性交往并希望获得爱情，这是每一个青春萌动的大学生都会遇到的问题，而这种愿望又与大学生还欠缺科学的性知识、不善于处理与异性之间的关系，或者他们的经济能力与心理成熟度还不足以应付这种问题相矛盾，从而带来种种困惑和烦恼。

8. 渴望融入校园生活

大学生在大学里除了专心致志地学习外，还渴望融入丰富多彩的校园生活，主要一是参加文体、联谊等活动，活跃生活；二是参加学生社团，学习感兴趣的知识；三是争当学生会干部和班干部，更好地锻炼自己。通过积极融入校园生活，既可以丰富大学生活，培养兴趣爱好，缓解学习压力，利于身心健康，结交更多志趣相投的朋友，学到更多专业知识之外的东西，提高自己的综合能力；又可以展示自己的才能和特长，获得他人的赞许，达到心理的满足。当然，大学生一定要把学习作为首要任务，千万不能因为积极融入丰富多彩的校园生活而影响了学业。

9. 关注并望涉足社会

大学是社会的一部分，大学生毕业后也是要走向社会的，为此，大学生一方面积极关注社会，了解党和国家的方针政策、社会的发展、科技的进步、就业的形势等；另一方面盼望涉足社会，能积极参与社会政治、经济、文化活动，追求政治上的进步，主动寻找机会参加社会实践活动，亲身感受社会的复杂多彩等。通过关注并涉足社会，既可以开阔视野，增长见识，学到很多课堂上学不到的东西，使自己得到更好的锻炼，提高适应社会的能力；又可以愉悦身心，陶冶情操，提升思想境界。当然，大学生由于社会阅历还浅，与社会有一定的距离，在看待、评估、思考社会问题时，往往带有一定的片面性和局限性。

10. 职业意识逐步确立

职业意识是人们对职业劳动的认识、评价、情感和态度等心理成分的综合反映，是支配和调控全部职业行为和职业活动的调节器，它由就业意识和择业意识构成。其中就业意识是指人们对自己从事的工作和任职角色的看法，择业意识是指人们对自己希望从事的职业的选择。大学生随着专业学习的深入、了解社会的增多，慢慢地认识了自己的职业兴趣，了解了自身的长处，逐步确立起职业意识，并为之努力学习，为毕业后职业生涯的发展做好充分准备。

二、把准上大学子女的心理状态

上大学子女的心理状态是不断变化的,父母要不断用心通过各种渠道、采取各种方式了解其不断变化的心理状态。

1. 要了解当代大学生的一般心理特点

要了解自己上大学子女的心理状态,首先要了解当代大学生的一般心理特点,虽然每个大学学子的心理状态是有区别的,自己子女的心理状态也会有其自己的特点并会不断发生变化,但是作为同一个群体,人的心理状态还是会有许多共同点的,父母可以通过了解大学生的一般心理特点来更好地把握自己子女的心理状态。对当代大学生的一般心理特点,前面已经进行了粗略分析讲述,可以作为参考,并且可以进行深入细致地了解和分析探讨。

2. 要多多关心上大学子女的学习生活

子女上大学虽然离开了父母身边,但父母要把关心子女常放在心上、落实在行动中,不仅要关心子女的学习情况,还要关心子女的日常生活、人际交往、感情、志向、职业规划等情况,做到子女在学校时,常给子女打电话、发微信短信或语音,当然,为了避免打扰子女的学习生活,也不宜过于频繁,如无特殊需要，一般一周一次左右比较适宜；子女回到家时，多抽时间陪子女坐坐聊聊，跟子女一起散散步，一起走亲访友或外出游玩；并且要把了解子女的心理状态巧妙地贯穿这些行为的始终，以便掌握子女的所想、所盼、所为、所惑，有针对性地进行教育引导。

3. 要讲究方法适当地跟校方联系沟通

子女在大学里就读，班主任和辅导员或导师对子女的心理状态是比较清楚的，为此，父母要保持跟子女的班主任和辅导员或导师的联系沟通，以了解子女的心理状态。然而子女的班主任和辅导员或导师管理的学生多、工作也忙，父母不能过多打扰他们，而要讲究方法适当地进行联系沟通，如在自己拿不准子女的心理状态或子女的心理状态出现了问题时可以电话联系沟通，在节日问候的时候也可以顺便了解；又如方便的时候还可以到学校去拜访他们，当面进行沟通交流。

4. 要通过其他渠道方式了解子女心理状态

了解上大学子女心理状态的渠道、方式是多种多样的，除前面讲述的外，父母还可以开动脑筋，积极探索，通过其他渠道、方式了解子女的心理状态，如关注子女的微信朋友圈、QQ空间信息，通过子女的兄弟姐妹、同学、好友进行了解等。

§2 与上大学子女沟通，需要掌握方法技巧

父母是子女永远的依靠，父母的话对子女始终是有导向性和影响力的，在子女离开家上大学的人生重要阶段，父母与子女保持有效的沟通尤为重要，是上大学子女健康成长和顺利成才的关键，为此，父母非常有必要学习掌握跟上大学子女有效沟通的方法技巧。那么，父母跟上大学的子女沟通有哪些方法技巧呢？我们认为要做到如下"十六要"。

一、要营造良好家庭氛围

家庭氛围是指家庭中营造出来的一种情感、心理、行为和文化的氛围，是家庭中的一种凝聚力，能够影响家庭中每个人的情感状态和未来发展。良好的家庭氛围能够促进家庭成员之间的互动和交流以及提高家庭成员之间的信任，使每个家庭

成员都能感受到彼此的关心、尊重、理解和支持，尤其是能让子女更自信地表达自己的想法和意见，同时也更能让子女理解和接受父母的观点和建议。因此，每个家庭都要努力营造出温馨、和谐的氛围，这是父母跟上大学子女有效沟通的前提。

二、要多关心和尊重子女

子女上大学虽然离开了父母身边，但父母对子女的关心教育仍然不能放松，不仅要关心子女的学习情况，还要关心子女的日常生活、人际交往、感情、职业规划等情况，只有通过关心了解了子女的相关情况，沟通才有基础，才能更有针对性地对子女进行教育引导。当然，子女上大学后就逐步走向成熟和独立，希望有自己的自主权，在没有大方向错误的情况下，父母应该尊重子女的选择和决定，并给予子女足够的空间和自由，对子女不想说的隐私不要追问太多，也不要过多地干涉子女正常的学习生活，更不要强迫子女按照自己的愿望行事。子女都有自己的个性，尊重子女能提高父母在子女心目中的地位，同时也是父母跟子女有效沟通的保障。

三、要发挥父母示范作用

父母既是子女的老师，更是子女的榜样。子女虽然上大学了，但是父母的思想品格和言行举止始终会深深地影响着子女，并且子女寒暑假还是会回到父母身边的，为此，父母要加强自身修养，要求子女做到的，自己首先要做到，自觉树立良好形象，只有父母自己的行为正确，才能够对子女起到表率作用，使子女进行效仿与跟从，从而在不知不觉中树立正确的世界观、人生观、价值观和养成良好的人生习惯。不言而喻，身教是非常重要的，它是父母跟上大学子女有效沟通的关键。

四、要摆正心态平等沟通

子女上大学了，父母要明白子女已经长大成人，他们有自己的思想和自由，不再是以前那个唯命是从、不敢违抗的小孩子了，为此，父母虽然是长辈，但在跟上大学的子女沟通时，不能再充当权威的角色，而要摆正心态，以开明、平等的姿态进行，多理解子女的需求和情感，给予子女充分的发言权和决策权，不要轻易否定或忽视他们的想法，让他们感受到自己的独立和价值，这样才能营造出亲密的沟通氛围，父母的观点和意见也才能更容易被子女接受。

五、要以理服人以情感人

父母跟上大学子女沟通，一方面要以理服人。子女虽是晚辈，父母跟子女沟通时也不能生硬地作指示、提要求，而要耐心细致地讲道理，让子女从父母所讲的道理中辨别出对错，从而做出正确的选择。另一方面要以情感人。父母跟子女沟通时要倾注感情，只有动之以情，才能拉近彼此之间的心理距离，才能更好地触动子女的心灵，才能让子女感受到真诚可信，从而达到更好的沟通效果。

六、要善于举例子摆事实

父母在跟上大学子女沟通时，不仅要会讲道理，而且还要善于举例子摆事实，因为通过举例子摆事实可以使抽象的道理变得浅显易懂，所以很多时候举例子摆事实更有说服力，更能打动子女的心，也更能让子女理解和接受父母的观点和意见。针对某方面情况，可以举的例子是很多的，古今中外的例子都可以举，但是要精心挑选好例子，并要注意讲一些子女身边且其知道的例子。

七、要了解子女所学专业情况

父母有必要了解一些子女所学专业的情况，如需要学习的课程、社会价值、发展趋势、就业方向及前景等，父母只有对子女所学专业有所了解，跟上大学子女沟通才会有更多的话题和共同语言，才更能做到说话说到点子上，才能让子女更加乐意跟父母进行沟通和听取父母的意见建议，才能更好地教育引导和帮助子女。

八、父母要统一思想意见

父母就某一事项分别跟子女沟通时，各自表达的想法和提出的意见要做到一致，如果父母各唱各的调，各吹各的号，那么子女将无所适从。为此，父母在跟子女沟通前，特别是沟通一些比较大的事项前，要就需沟通的事项认真进行分析商量，统一思想认识，形成一致意见，然后按照商量确定的意见进行沟通，这样才能取得沟通的好效果。

九、要善于寻找沟通机会

为了达到更好的沟通效果，与子女沟通要善于寻找恰当的沟通机会，因为同样的话，在不同的时间、地点和不同的环境下，产生的效果是会不同的。寻找恰当的沟通机会，要根据需沟通事项的性质和缓急情况而定：对一般性的关心和建议事项可以随意一些；对紧急事项选择的余地就少；对与子女有意见分歧或需要对子女进行批评教育的事项，就要选择在子女心情更好的时候、更温馨的环境中，并且最好当面沟通，如子女假期回到家里时沟通。

十、要掌握情况对症下药

对症下药是沟通中的一种重要方法，即根据具体情况和问题，有针对性地进行沟通，以达到沟通目的。为此，父母为了跟子女沟通好某项事情，或在沟通前通过各种渠道和方式了解掌握相关的情况，或在沟通时耐心听取子女的陈述了解掌握相关的情况，然后根据了解掌握的情况认真分析，积极思考，有的放矢地进行沟通，以取得事半功倍的效果。

十一、要学会倾听并做好回应

倾听是一种艺术，也是一种沟通技巧。父母在跟上大学的子女沟通时，要充分认识到倾听的重要性，真诚地认真耐心倾听，不仅要努力听进去，而且要边听边思考，并且不能只关注言语，还要留心他们的情绪变化和非言语的表达。通过倾听，父母能够知道子女的所思、所想、所惑、所盼，增进理解，有利于沟通和解决问题。父母针对子女的陈述，在认真耐心倾听的同时，要把准时机做好回应，该鼓励的要给予鼓励，该表明自己立场观点的要毫不含糊表明，该给予解决问题方案的要努力给予有效方案，该批评教育的也要进行批评教育。

十二、要"寓教于聊"拉近距离

父母不要一跟子女讲话或通电话就是要怎么样、不要怎么样，总是一本正经地对子女进行教育引导，而要经常跟子女聊聊天，聊天的内容可以广泛，大到世界形势、国家方针政策，小到家里的衣食住行、柴米油盐，以保持双方之间的亲密关系，拉近沟通的心理距离，当然，父母在跟子女聊天时脑子里要想着如何对其进行教育引导，顺其自然地把自己的想法、愿望及建议融入聊天之中，这样子女就会在不知不觉中受到启发教育。

十三、要讲究说话艺术

父母跟子女一般性的聊天可以随便点，但父母要对子女进行教育引导就应讲究说话的艺术了。当然，沟通时说话的艺术是一门学问，需要父母不断地去学习和实践。在实际沟通中，一是不管子女说什么，先要发现并肯定其可取之处，呵护好子女的优点，让子女保持自信；二是点出问题、提出意见要说到点子上，做到语言精炼，表达清楚，不能拖泥带水唠唠叨叨地说个没完；三是要注意语气和措辞，避免使用过于强硬或伤人的言辞；四是可以用建设性的意见代替批评，将批评转化为希望。

十四、要多进行讨论避免争辩

讨论是一个相互沟通的过程，通过交换意见、交换感觉以达到增进理解、形成共识和解决问题的目的；与此不同，争辩虽然在沟通中也可以表达意见和感觉，但往往容易导致紧张和冲突，会有意或无意地影响甚至伤害双方感情，难以取得良好沟通效果。在父母与子女的沟通中，应该多进行讨论避免争辩，遇到什么问题，通过积极的讨论来统一思想，厘清思路，共同寻找解决问题的办法，即使一时没能沟通好，也可以过后再沟通。

十五、要多些赞美少些批评

多些赞美少些批评是一种积极向上的沟通方式。赞美可以增强子女的自信和自尊，激励子女不断努力，更好地发挥自身潜能，实现自己的目标；同时还有助于增进父母与子女之间的亲密关系。相反，如果子女频繁地受到批评，他们可能会陷入自卑和焦虑，对自己的能力产生怀疑，甚至丧失动力和积极性，还会影响父母与子女之间的感情。当然，尽管赞美有着重要作用，但还是不能丢掉批评，当子女出现错误时，适度的批评才能让子女认识到错误并进行改正。不过批评应该讲究方法策略，以免对子女产生过度负面影响，如应该指出问题所在，并提供积极的解决方案，以帮助子女反思，增强他们的责任感和自我调控能力。

十六、要用好现代沟通手段

当今世界，科技日新月异，电子信息技术突飞猛进，移动电话、可视电话、便携式电脑、传真机等现代沟通工具飞速发展，子女上大学虽然常不在父母身边，但沟通非常方便，除了寒暑假等时间回到身边可以当面沟通外，要运用好现代沟通手段进行沟通，主要包括打电话，微信语言通话、视频通话，发微信语音、信息，发电子邮件等。当然，运用现代沟通手段跟子女沟通，也要讲究策略，避免影响子女的正常学习生活，如要了解子女在大学里的作息时间，做到什么时候子女更方便沟通心中有数；没有什么急事，可以发微信短信或语言，以便让子女在方便的时间进行回复沟通。另外，子女在大学里要做的事情是很多的，父母不宜太频繁地联系沟通打扰子女，具体频次要根据实际情况而定，一般情况下一周一次左右比较适宜。

§3 要懂得如何给上大学子女讲好15个话题

子女考取大学，既是子女的大事、喜事，也是父母的欣慰事、开心事，在这子女上大学的人生关键时候，父母要懂得如何给上大学子女讲好本书上篇所述的15个话题（以下简称"这15个话题"），教育引导上大学子女走好人生关键的大学"路段"，更好地健康成长和顺利成才。

一、父母为何要给上大学子女讲好这15个话题

1. 对子女的教育引导是父母的责任

父母是子女最亲近的人，既是子女的第一任老师，也是子女的终身老师，还是子女的引路人，在子女的成长过程中，扮演着非常重要的角色。父母应该充分认识到自己在子女教育引导中的

重要性，把对子女的教育引导作为家庭中重中之重的事来抓。

父母应该充分认识到对子女的教育引导是自己义不容辞的责任，时刻把对子女的教育引导记在心上、落实在行动中。

2. 在子女关键时候更要加强教育引导

在子女考取大学前，父母一般都非常重视对子女的教育引导；子女考取大学后，有的父母认为子女已经长大懂事了或不在自己身边更不方便，就放松对其进行教育引导。其实，大学期间是子女成长的重要时期，并且大多数是刚开始离开父母身边独立生活，缺乏社会经验。在这子女上大学的关键时候，父母更要充分认识到做好教育引导的重要性和必要性，认真围绕这 15 个话题，切实履行好对子女的教育引导责任，让其在大学里健康成长成才，为辉煌幸福美好的未来打下扎实的基础。

二、讲好这 15 个话题时要突出重点详略增减得当

讲好这 15 个话题，不能照本宣科地讲，而要根据实际需要有重点、有详略、有增减地讲。

1. 要有重点地讲

对这 15 个话题，每次讲时都要有针对性地重点进行，或重点讲这 15 个话题中的一个或几个话题，或重点讲一个或几个话题中的部分内容，如在动员引导子女读研时，就要重点讲"精心谋划力争读研，拥有高起点才能成就大发展"话题，并可以同时顺带讲"有远大理想和目标，自然就有人生高度"话题；即使在某个时候需要比较全面系统地给子女讲这 15 个话题，也要突出重点话题和话题中的重点内容。我们家女儿考取大学入学前，父母在既全面又简要地给女儿讲这 15 个话题的同时，重点讲了"主动融入大学中去，放飞青春成就梦想"的话题，包括要积极争当学生干部，让女儿对融入大学的重要性和做法有个比较全面的认识。女儿一入学，按照这个思路很快就融入了大学的学习生活，也当上了班里的学习委员，特别是与室友相处和谐，4 人互相帮助、互相学习、互相鼓励，创造了宿舍里融洽的学习进步环境。

2. 要有详略地讲

在讲这 15 个话题中的一个或几个话题时，要根据实际情况，有针对性地做到详略得当，有的话题或话题中的部分内容要详细地展开讲，有的话题或话题中的部分内容可以简略地讲，甚至可以一句话带过。如在讲"始终牢记学生身份，专心致志投入学习"话题时，"要端正学习态度"部分就要详细地讲，"要讲究学习方法"部分就可以简略一些地讲，同时，还可以顺便简明扼要地讲"懂得珍惜和管理时间，别让大学美好时光虚度"话题。

3. 要有增减地讲

在讲这15个话题中的一个或几个话题时，要针对实际需要，增加或者减去讲本书上篇中所述的相关内容，特别要注意增加讲古今中外的生动事例，尤其是要讲子女身边且其知道的事例，用事实说话更有说服力，典型引路也是教育引导子女的好方法。需要说明的是，这15个话题虽然涵盖的内容相当丰富，比较全面系统地概括了父母要加强对上大学子女进行教育引导的内容，但对每个具体家庭来说，并不是什么话题父母都需要给子女讲，如女子对考取的大学及专业满意，那么"录取的大学和专业，确实需要正确对待"话题就不需要讲。

三、什么时间给上大学子女讲这15个话题

父母给上大学子女讲这15个话题的时间要从子女收到大学录取通知书开始延续至大学毕业。在收到录取通知书后去大学报到前，可以比较全面系统地给子女讲这15个话题；之后

每隔较长一段时间，也可以根据实际需要比较全面系统地给子女讲这 15 个话题；平时要多关注子女的思想动态和所作所为，经常针对实际需要给子女讲这 15 个话题中的一个或几个话题、或一个或几个话题中的部分内容。

四、怎样谋划给上大学子女讲好这 15 个话题

父母要精心谋划给上大学子女讲好这 15 个话题，虽然由父母自己讲是主要的、关键的，但并不是只由父母亲自讲，父母还可以请他人或通过其他方式向上大学的子女讲好这 15 个话题。当然，请他人帮助讲时，要嘱咐被请的人不要告诉子女是父母请他帮助讲的，以免引起子女的抵触情绪或反感，从而降低讲的效果。

1. 由父母一起或单独讲

这是向上大学子女讲好这 15 个话题的主要形式，这种形式既灵活，又能取得好的效果，并且容易做到经常讲、常提醒。父母围绕要讲好的这 15 个话题或针对其中需要讲的话题，给子女语重心长、推心置腹地讲，既可以正式地坐下来讲，也可以掺杂在平时的沟通交谈中讲，还可以通过发文字信息、语音、视频的形式进行讲解和沟通交流。

2. 由父母召开家庭会讲

这是向上大学子女讲好这 15 个话题的一种重要形式。由父母召开家庭会，家庭成员一起参加，围绕要讲好的这 15 个话题或针对其中需要讲的话题，可由一人或两人主讲，其他人补充；也可不分主次，父母把好正确导向，畅所欲言，各抒己见，真情教育引导。

3. 由父母向子女写信讲

在通信落后的年代，书信往来是一种常用的联系沟通方式，现在通信发达了，这种形式极为少用了，但是书信对于父母对子女的教育引导有着特殊的重要作用。对于一些重要话题或事情，父母可以给上大学的子女写信，子女收到父母的书信时会更加重视所讲的话题或事情，会更加认真地进行思考斟酌，会更加留下深刻难忘的印象。当然，父母所写的信可以通过邮局寄给子女，也可以当面交给子女或通过微信、电子邮箱发给子女。这种写信的方式也不一定要多用，在关键的时候用效果一定会好。

4. 由父母与子女一起探讨

对父母要给子女讲好的这 15 个话题或针对其中需要讲的

话题，父母可以与子女一起进行探讨，探讨时父母既要阐明自己的观点，也要充分听取子女的意见，并以平等的心态进行交流沟通，以促使子女更加深入系统地进行思考，还可以共同写成一篇探讨文章，甚至可以争取在报刊或网站上发表，这样更容易让子女理解和记住并落实这些探讨的话题。

5. 由父母请家人及至亲讲

由父母请子女的爷爷奶奶、外公外婆等长辈或安排子女的哥哥姐姐讲。由于特别亲密的关系，由他们围绕要讲好的这15个话题或针对其中需要讲的话题各自或几人一起讲，能起到非常好的效果。当然，跟父母与子女讲一样，他们既可以正式坐下来讲，也可以掺杂在平时的沟通交谈中讲，还可以通过发微信短信、语音、视频的形式进行讲解和沟通交流。

6. 由父母请亲戚中优秀的在校或已毕业的大学生讲

在校或已毕业的大学生对大学期间的学习生活更有体会和经验，特别是优秀者，感悟更深刻，认识更全面，经验更丰富，请他们围绕要讲好的这15个话题或针对其中需要讲的话题进行讲解，会讲得更加切合大学和听者的实际，更能打动听者的心，听者更能听得进去、更容易接受。我们家女儿去天津上大学时，她的母亲有个非常优秀的侄女在天津师范大学读大四（后为本校保研生），我们要女儿常去这个表姐那儿，虚心向表姐学习。通过女儿与她表姐的交往（近朱者赤）和表姐对女儿的教育引导帮助，对女儿的学习进步和健康成长起到了非常好的作用。

7. 由父母请子女的老师讲

老师有着丰富的教育经验，对所教学生的情况熟悉并有深厚感情，对大学的学习生活情况也了解，学生既对老师尊敬，又能虚心听取老师的意见建议，请子女的老师特别是班主任老师围绕要讲好的这 15 个话题或针对其中需要讲的话题进行讲说，子女肯定会耐心地听，认真地想，用心地悟，更容易入耳入脑入心、落实在行动中。

8. 由父母请亲戚中优秀的长辈讲

优秀的长辈德高望重，社会阅历深，见多识广，有教育方法，关心爱护晚辈，也深受晚辈尊敬和爱戴。请亲戚中优秀的长辈围绕要讲好的这 15 个话题或针对其中需要讲的话题进行讲解，能够起到请子女的老师讲说同样的效果。

9. 由父母请子女玩得好的优秀同学讲

玩得好的同学之间，无话不说，有共同的语言，方便沟通交流，请子女玩得好的优秀同学围绕要讲好的这 15 个话题或针对其中需要讲的话题进行讲解，子女不仅会听得进去，而且容易共鸣，产生榜样效应，达到很好的教育引导效果。

10. 由父母购买此书给子女自己学习

这本书的上篇为"父母要给上大学子女讲好的 15 个话题"，对这 15 个话题进行了全面系统的阐述。父母购买此书给子女，并要求子女好好自学。子女通过认真学习，深入领会，一定能够从中受到很好的启发和教育，更加正确地规划好自己在大学期间的学习生活等方方面面，并努力付诸行动，走好人生关键的大学"路段"，为成就辉煌幸福美满的人生打好坚实基础。

五、讲好这 15 个话题要注意的事项

1. 要及时掌握子女动态有的放矢

对子女的教育引导，贵在有针对性，为此，要注意及时掌握子女的思想行为动态，准确知道其所想、所为。对子女正确的所想、所为，要给予鼓励支持；对子女该想该为却迟迟没有反应的事，要及时进行教育引导，让其积极朝着正确的方向行动起来；对子女存在错误的所想、所为，就要赶紧加大力度进

行教育引导，必须让其改错归正。

2. 要根据需要突出重点抓住关键

给子女讲这 15 个话题及各个话题中的内容，不能平均用力，而要根据子女的实际情况有重点、抓关键地讲，即父母了解掌握到子女需要教育引导解决什么问题，或父母希望子女向什么方向努力，就重点讲什么话题及话题中的什么内容，并要抓住能解决问题或达到希望的关键东西讲细讲透讲到位，真正让子女思想上有触动，认识上有提高，行动上有改观，取得实实在在的好效果。

3. 要讲究教育引导时的方式方法

子女上大学了，已经成年或接近成年，父母虽是长辈，但在一般情况下，不能再像教育未成年子女一样，尽量不要采取说教式的教育引导，而要把教育引导融入平时的沟通交流之中，并要注意多听取子女的意见；当然，如果子女的所想、所为有原则性或方向性错误，轻言细语不顶用时，就要严厉地进行批评教育，必须让其及时进行纠正。另外，当讲到一个话题有较大意见分歧时，如不是急需讲的话题，可以把这个话题暂时放下来等过段时间再讲，先换个话题讲。

4. 要与学校密切配合以形成合力

父母对子女的教育引导固然重要，但子女在大学里更离不开学校的教育引导，为此，父母在讲这 15 个话题时要与学校密切配合，以形成对子女教育引导的合力。一方面，父母要保持跟子女的班主任和辅导员或导师联系沟通，了解子女的学习生活情况及学校对子女的教育情况，请教或探讨对子女的教育方法，并向他们反映自己对子女的教育引导情况；另一方面，父母在对子女进行教育引导时，如有达不到预期效果的，可以请子女的班主任和辅导员或导师帮助进行教育引导。

5. 要多关心常提醒勤引导

子女上大学了，不要以为他们长大了、懂事了，就可以放松对其进行关心和教育引导，相反，这时候由于子女不在自己身边，父母更要对子女的学习生活等方方面面多给予关心，并要经常有针对性、有重点地给子女讲说这 15 个话题，对一些需要重视和注意的事项要时常进行提醒，教育引导子女朝着自己的理想目标发奋努力，让其充实、快乐并富有成效地度过大学的美好时光。